당신이
가장 궁금해하는
네트워크 마케팅
101가지 질문

당신이
가장 궁금해하는
네트워크 마케팅
101가지 질문

초판 1쇄 인쇄 | 2020년 4월 24일
초판 1쇄 발행 | 2020년 5월 04일

지은이 | 김유신 · 주경민
펴낸이 | 박영욱
펴낸곳 | (주)북오션

편　집 | 이상모
마케팅 | 최석진
디자인 | 서정희·민영선

주　소 | 서울시 마포구 월드컵로 14길 62
이메일 | bookocean@naver.com
네이버포스트 | post.naver.com/bookocean
전　화 | 편집문의: 02-325-9172　　영업문의: 02-322-6709
팩　스 | 02-3143-3964

출판신고번호 | 제313-2007-000197호

ISBN 978-89-6799-537-9 (03320)

이 도서의 국립중앙도서관 출판예정도서목록(CIP)은 서지정보유통지원시스템
홈페이지(http://seoji.nl.go.kr)와 국가자료공동목록시스템
(http://www.nl.go.kr/kolisnet)에서 이용하실 수 있습니다.
(CIP제어번호: CIP2020014117)

당신이 가장 궁금해하는 네트워크 마케팅 101가지 질문

왕초보에서 다이아몬드를 넘어 로얄크라운까지

김유신 · 주경민 지음

북오션

'왜 사장님 같은 사람이 다단계를 해요?'

좋은 대학교를 졸업하고 대기업, 중견기업을 거쳐 작지만 자기 사업을 진행하던, 남들이 보면 성공한 삶을 사는 듯 보이던 내가 네트워크 마케팅 사업을 시작하고 나서 가장 많이 들은 질문이다. '네트워크 마케팅 = 불법 다단계'라는 인식 때문에 던지는 질문일 것이다. 하지만 이 질문에 대한 대답은 명확하다.

'미래가 불안하기 때문입니다.'

전 세계에서 소득 대비 소비문화가 가장 발달돼 있는 나라로 손 꼽히는 대한민국에 사는 5000만 인구 중 자신의 노후를 불안해하는 사람은 실제로 많지 않다고 한다. 취직을 하는 동시에 60개월 리스료를 부담해가며 외제차를 끌고 비싼 월세를 부담해가며 폼 나는 주거지에서 생활을 시작한다. 결혼을 하면 해외여행을 수시로 즐기고, 아이가 생기면 남들에게 뒤지지 않으려고 사교육에 엄청난 비용을 들인다. 그러다가 직장에서 퇴출될 시기가 다가오는 40대 후반에 들어서야 자신의 소득이 유한한 것임을 깨닫고 후회하기 시작한다. 결국 그동안 모아놓은 돈을 가지고 편의점, 치킨집, 카페 등 자영업의 세계에 진입하고 결국 모든 돈을 날리고 빈민층으로 전락하는 것이다. 극단적인 비유이기는 하지만 대한민국 국민 상당수의 모습이다.

내가 그나마 천만다행인 것은 내 소득이 유한할 것이라는 사실을 일찍 깨달았다는 점이다. 그래서 나는 네트워크 마케팅 사업을 마흔한 살이라는 나이에 선택해서 진행하고 있다.

2년간 네트워크 마케팅 사업을 진행하고 느낀 것은 '조금만 더 일찍 네트워크 마케팅 사업을 시작했더라면'이라는 아쉬움이었다. 직장 생활도 해보고, 직원을 두고 사업도 해보았지만, 이보다 매력이 큰 사업을 본 적이 없기 때문이다. 가장 큰 매력은 회사에서 제조, 마케팅, 연구, 회계까지 초보 사장님들이 제일 어려워하는 모든 영역을 커버해주기 때문에 유통망만 만들면 회사를 운영하는 것과 같은 효과를 누릴 수 있는 사업이라는 것이다.

또 다른 매력은 바로 '다른 사람의 힘을 빌리는 사업'이라는 점이다. 이 세상에 내가 능력 있어야 돈을 벌 수 있는 일이 99퍼센트인 데 비해 네트워크 마케팅 사업은 나보다 더 일을 잘하는 사람만 있다면 수백 명, 수천 명, 수만 명의 조직을 꾸릴 수 있다. 남의 능력을 빌리는 몇 안 되는 사업이다.

왕초보 네트워크 마케터로 업계에 입문해 죽도록 고생해서 6개월 반 만에 다이아몬드라는, 네트워크 마케팅 사업에서 성공했다고 불릴 만한 직급을 성취하였다. 그러다가 회사가 급격하게 기운 탓에 새롭게 찾은 회사에서도 둥지를 튼 지 4개월 만에 다시 다이아몬드 직급으로 승급하며 네트워크 마케팅 사업 2관왕의 영애를 안기도 했다. 매일매일 겪은 시행착오를 써 놓은 일기를 영상으로 제작한 '왕초보 네트워크 마케터를 위한 성공 가이드 채널 – 유신TV'는 네트워크 마케팅 No.1 채널로 성장해 나름 업계에서 알아주는 '왕초보 네트워크 마케터를 위한 성공 컨설턴트'로 입지를 다져가고 있다. 본 책은 그동안 유신TV를 통해 많은 왕초보 네트워크 마케터 분들께서 해주셨던 질문 중 가장 빈도수가 높았던 101가지 질문을 뽑아 가장 쉽게 답변을 드리고자 구성한 책이다. 네트워크 마케팅 초보 사업자가 이 책을 순차적으로 읽는다면 네트워크 마케팅 사업 전반에 대한 지식을 얻을 수 있으리라 확신한다.

이 책을 출간하기까지 많은 도움을 주신 서정훈 대표님, 정찬오&서

연희 스폰서님, 박민숙 스폰서님, 강리윤 스폰서님, 이향숙 스폰서님, 항상 지지해주고 응원해주는 산하 파트너 사장님들, 〈유신TV〉에서 도움을 받았다고 매일 응원의 메시지를 보내주시는 〈유신TV〉 구독자 여러분께 진심으로 감사드린다. 마지막으로 세상 누구보다도 나에게 사랑과 응원을 보내주는 사랑하는 아내 예린이와 어려운 상황이 발생할 때마다 '나는 김유신 아들이니까'라며 문제를 해결해가는 자랑스런 아들 재민이에게 이 책을 바친다.

작가 김유신

지난 수십 년 동안 네트워크마케팅은 많은 변화를 겪었습니다. 우리나라에서는 시작이 잘못되는 바람에 많은 사람들에게 부정적인 인식이 자리잡게 되었습니다. 90년대 초 대한민국을 떠들썩하게 만든 제O라이프는 20~30만 원대의 자석요를 300~500만 원에 판매하면서 많은 피해자를 양산했습니다. 다단계 투자라는 명목으로 퇴직자의 은퇴자금, 결혼자금을 착복하고 합숙을 시키는 등 많은 사회문제를 낳았고, 많은 언론들이 집중적으로 다루면서 '다단계=사기'라는 공식이 생겨났습니다.

네트워크 마케팅의 유통 방식이란 생산자의 제품을 소비자가 소비자에게 직접 판매하는 구조입니다. 즉, 여러 단계의 유통 과정을 생략하고 제품 홍보 및 판매를 소비자가 직접 해서 수당을 받아가는 구조입니다. 제품이 비싸야 할 이유가 전혀 없습니다. 좋은 제품을 저렴하고 합리적인 가격으로 유통하는 것, 그것이 바로 네트워크 마케팅 유통의 본질입니다.

저는 네트워크 마케팅을 2002년에 처음 접하였습니다. 당시에도 부정적인 인식이 팽배해 네트워크 마케팅과 불법 피라미드 방식의 차이점을 이해시키는 데 많은 시간을 쏟았습니다. 2019년 현재, 과거에 비하면 인식이 많이 개선되었음을 느끼고 있습니다.

저는 현재 금융권 IT보안 관련 컨설팅 및 기술지원을 하고 있으며, 블록체인 및 인공지능 개발 업무를 하고 있습니다. 네트워크 마케팅 사업은 부업으로 진행하고 있습니다. 요즘 제4차 산업혁명을 많은 언론에서도 다루고 있는데요, 해당 업종에 종사하는 만큼 인공지능의 발전을 누구보다 빠르게 체감하고 있습니다. 산업혁명이 시작되었을 때 많은 사람들이 일자리가 줄어들 것이라고 걱정했지만 사람만이 할 수 있는 직업군도 빠르게 늘었습니다. 그래서 4차 산업혁명, 즉 인공지능 시대가 오면 과거처럼 새로운 직업군이 늘면서 줄어든 일자리를 대체할 것이라고 믿고 있습니다. 하지만 인공지능 업계에 종사하는 많은 분들의 생각은 조금 다릅니다. 과거 산업혁명은 기계화, 자동화로 사람의 육체적 능력만 대체 가능했지만 인공지능은 작곡, 소설 창작, 미술 등 인간의 창의적인 영역까지 대체가 가능하기 때문입니다. 2016년 일본에서는 인공지능이 만든 소설이 문학상 공모전에서 1차 심사를 통과하기 까지 했습니다. 이처럼 인공지능이 발전하면서 인간이 할 수 있는 모든 분야가 도전받고 있습니다.

그럼 인공지능 시대에 네트워크 마케팅은 어떻게 될까요? 제품을 직접 사용해보고 사용 후기를 전달하며, 사업성까지 전달하는 네트워크 마케팅은 특성상 인공지능이 대체하기 어려운 분야입니다. 따라서 인공지능 시대가 도래하더라도 네트워크 마케팅에 종사하는 분들은 직업이 대체될 가능성이 낮기 때문에 매우 매력적인 직업군이라고 생각합니다.

마지막으로 《당신이 가장 궁금해하는 네트워크 마케팅 101가지 질문》은 네트워크 마케팅에 입문하는 분들, 업계에 종사하고 있지만 좀 더 전문적인 내용이 필요한 분들께 큰 도움이 되리라 생각합니다.

그리고 저자 직강을 유튜브에 게시하고 있으니 좀 더 상세한 내용이 궁금하신 분들은 검색하시길 바랍니다. 궁금한 내용을 댓글 및 메일로 남겨주시면 성심 성의껏 답변 드리도록 하겠습니다.

저자 주경민

1. 네트워크마케팅 사업을 처음 시작하는 분이라면 꼭 처음부터 끝까지 빠르게 속독해주세요! 전체 101가지 질문에 대한 내용을 속독하시는 것만으로도 네트워크 마케팅 사업의 전반적인 개요를 습득하실 수 있을 겁니다.

2. 네트워크 마케팅 경험자라면 궁금한 질문을 목차에서 찾아 읽어보세요! 각 질문에 대한 답변은 기껏해야 1~2장 수준으로 5분 안에 읽으실 수 있는 양입니다.

3. 내용을 읽으시다가 질문에 없는 내용이거나 궁금한 점이 있으시다면 〈유신TV〉 (유튜브에서 '유신TV'를 검색하시면 나옵니다) 또는 〈유신TV〉 네이버 카페, 카카오톡아이디 ricky1223를 등록하신 후 물어보시면 빠르게 답변 드리도록 하겠습니다.

목 차

들어가며 김유신 … 4
들어가며 주경민 … 8
이 책을 읽는 방법 … 11

Chapter 1

네트워크
마케팅
사업의 정의

질문 1.   네트워크 마케팅 사업이란? … 18
질문 2.   네트워크 마케팅의 유래와 역사는? … 20
질문 3.   일반 기업과 네트워크 마케팅 기업 간의 차이는? … 22
질문 4.   네트워크 마케팅 사업과 방문 판매 사업의 차이는? … 25
질문 5.   왜 네트워크 마케팅 사업을 다단계라고 부르나? … 28
질문 6.   대한민국에서는 왜 이렇게 네트워크 마케팅의 … 29
         인식이 좋지 않나?
질문 7.   불법 피라미드, 불법 다단계를 구분하는 방법은? … 31
질문 8.   코인 다단계? … 34
질문 9.   네트워크 마케팅 사업 정말 돈을 벌 수 있나? … 36
질문 10. '권리소득'이란? … 39
질문 11. 네트워크 마케팅 사업은 왜 '권리소득' 사업인가? … 42
질문 12. 자영업과 네트워크 마케팅 중 어떤 사업이 더 좋을까? … 45
질문 13. 독립 사업자? … 47
질문 14. 네트워크 마케팅 창업비용? … 48
질문 15. 사업자들에게 월급을 주나? … 50
질문 16. 네트워크 마케팅 사업을 시작할 적절한 나이는? … 52
질문 17. 월 1000만 원 소득까지 얼마 만에 도달 가능한가? … 54
질문 18. 많이 팔아야 하는 사업인가? … 56
질문 19. 어떤 능력을 가진 사람이 성공할까? … 58
질문 20. 네트워크 마케팅 사업 꼭 해야 되나? … 60

Chapter 2

회사 선택 가이드

질문 21. 해외기업 or 국내기업? … 64
질문 22. 프리미엄 회사 or 가성비 회사? … 67
질문 23. 제품 수가 많은 회사 or 적은 회사? … 69
질문 24. 초기 선점이 중요한가? … 71
질문 25. 나이가 회사 선택에 미치는 영향은? … 74

Chapter 3

보상플랜

질문 26. 보상플랜이란? … 78
질문 27. 브레이크어웨이 vs. 바이너리? … 80
질문 28. 수당률 35퍼센트? … 83
질문 29. 글로벌 원서버? … 85
질문 30. PV(BV)란? … 87
질문 31. 4주 합산이란? … 89
질문 32. 대실적과 소실적이란? … 90
질문 33. 추천인 vs. 후원인이란? … 91
질문 34. 보상플랜의 종류? … 92
질문 35. 추천 보너스란? … 94
질문 36. 후원 보너스란? (팀 보너스) … 96
질문 37. 매칭 보너스란? … 98
질문 38. 승급 보너스란? … 100
질문 39. 유지 보너스란? … 101
질문 40. 오토십 제도? … 103
질문 41. 프레쉬아웃(Fresh Out)? … 104
질문 42. 1:1 차감, 2:1 차감? … 105
질문 43. 회사에 따라 2레그, 3레그, 6레그, 12레그? … 106
질문 44. 캡 조정이란 무엇인가요? … 108
질문 45. 먼저 사업을 시작한 사람만 돈 버는 것 아닌가요? … 110
질문 46. 보상에 있는 함정? … 112

Chapter 4

사업 시작 방법

질문 47. 네트워크 마케팅 성공 방법? … 118
질문 48. 스폰서란? … 120
질문 49. 파트너란? … 122

질문 50. 어떤 스폰서랑 일해야 하나? … 123
질문 51. 추천인과 후원인 결정 방법은? … 125
질문 52. 비즈니스 시작 방법? … 127
질문 53. 사업도구란 무엇인가요? … 129
질문 54. 그룹 카카오톡이 중요한 이유는? … 131
질문 55. 꿈을 설정해야지 성공한다는데 이유는? … 133
질문 56. 목표설정은? … 135
질문 57. 목표달성을 위한 계획 짜는 법은? … 137
질문 58. 제품을 애용해야 성공한다는데 이유는? … 139
질문 59. 계획표 작성 방법은? … 141
질문 60. 비주얼이 중요한 이유는? … 144
질문 61. 항상 웃어야 한다는데 이유는? … 146
질문 62. 매일매일 실천할 수 있는 사업자 실행 가이드는? … 148

Chapter 5

시스템

질문 63. 시스템 종류는? … 154
질문 64. 사업설명회란? … 156
질문 65. 라인 미팅(스폰서 미팅)이란? … 158
질문 66. 제품 아카데미란? … 160
질문 67. HOW TO 교육이란? … 162
질문 68. 1박2일과 원데이 세미나란? … 163
질문 69. 컨벤션이란? … 165
질문 70. 시스템에 참여해야 하는 이유는? … 166
질문 71. 나만의 방법으로 사업을 해도 되는지? … 168
질문 72. 직급이란? … 170

Chapter 6

리쿠르팅

질문 73. 리쿠르팅이란? … 176
질문 74. 명단이란? … 178
질문 75. 명단 작성 방법은? … 180
질문 76. 명단이 안 만들어지는 이유는? … 182

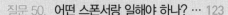

질문 77. 명단 분류법은? … 184

질문 78. 사업 전달 방법에서 초대란? … 186

질문 79. 사업설명 방법은? … 188

질문 80. 초대 시 절대 하지 말아야 할 것은? … 190

질문 81. 호일러의 법칙이란? … 191

질문 82. 모든 미팅에 스폰서를 대동해야 하나? … 194

질문 83. 사업자 전달 vs. 소비자 전달? … 196

질문 84. 누구에게 먼저 전달해야 하나? … 198

질문 85. 리쿠르팅하면 안 되는 스타일? … 200

질문 86. 타사 네트워크 마케터를 리쿠르팅하는 방법? … 203

질문 87. 타사 네트워크 마케터 접촉 방법은? … 205

질문 88. 빠르게 조직을 구축하는 방법은? … 206

질문 89. 후원 능력이란? … 208

Chapter 7

기타

질문 90. 네트워크 마케팅 사업, 전업으로 뛰어야 할까? … 212
부업으로 뛰어야 할까?

질문 91. 제품 데몬 파티 잘하는 법 알려주세요? … 214

질문 92. 신용불량자인데 네트워크 마케팅 사업이 … 217
가능한가요?

질문 93. 네트워크 마케팅 사업을 하면 인간관계가 … 218
끊어질까 봐 두렵습니다.

질문 94. 네트워크 마케팅이 사이비 종교 같은 분위기여서 … 220
무섭습니다.

질문 95. 왜 대기업들은 네트워크 마케팅 사업을 … 221
하지 않나요?

질문 96. 왜 방문 판매 회사가 네트워크 마케팅 사업을 … 223
같이하지 않나요?

질문 97. 사업자등록증을 내야 하나요? 그리고 세금은 … 225
어떻게 내나요?

질문 98. 사업을 하다가 그만두면 불이익이 있나요? … 226

질문 99. 사업자들이 회사를 많이 옮기던데 이유가 있나요? … 227

질문 100. 사업에서 실패하지 않는 방법을 알려주세요? … 229

질문 101. 저자님은 실제로 돈을 많이 버나요? … 230

chapter 1

네트워크 마케팅 사업의 정의

불법 다단계? 불법 피라미드? 정말 수많은 분들이 궁금해하는 베일 속에 가려진 네트워크 마케팅 사업의 본 모습을 지금부터 공개합니다. 지금까지 가지고 있던 편견을 이 책을 읽는 순간만큼이라도 잠시 내려두시면 평생 부를 창출할 수 있는 멋진 사업을 만나실 수 있게 될 겁니다.

네트워크 마케팅 사업이란?

네트워크 마케팅 세상에 오신 것을 환영합니다. 이제부터 당신은 권리소득으로 월 수천만 원에서 수억 원, 수십억 원을 벌 수 있는 네트워크 마케팅 세상을 경험하시게 될 겁니다. 본격적으로 네트워크 마케팅 사업에 대해 알아보기 전에 네트워크 마케팅 사업의 사전적 정의를 한번 알아보도록 하겠습니다.

'기존의 중간 유통단계를 배제하여 유통마진을 줄이고, 관리비, 광고비 등 제비용을 없애 회사는 싼값으로 소비자에게 직접 제품을 공급하고 회사 수익의 일부분을 소비자에게 환원하는 시스템'

네트워크 마케팅 사업이 시작될 당시부터 네트워크 마케팅 사업의 최대 핵심은 제조사와 소비자를 '나'라는 유통채널이 직접 연결해 재화를 전달하는 사업이라는 것입니다. 중간 유통, 광고, 재고 비용 등이 절

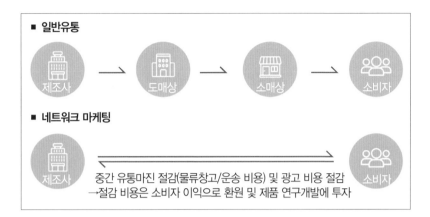

■ 일반유통

제조사 → 도매상 → 소매상 → 소비자

■ 네트워크 마케팅

제조사 → 소비자
중간 유통마진 절감(물류창고/운송 비용) 및 광고 비용 절감
→절감 비용은 소비자 이익으로 환원 및 제품 연구개발에 투자

약되면서 좋은 물건을 최대한 저렴한 가격으로 전달할 수 있는 사업이 바로 네트워크 마케팅이었지요. 하지만 최근에는 시대적 흐름에 따라 광고, PPL 등의 별도 마케팅을 진행하는 회사가 많아지면서 기존 정의 중 일부는 수정할 필요가 있어 보입니다

이에 네트워크 마케팅 사업을 '무점포 프랜차이즈 창업 사업'이라고 정의하고자 합니다. 네트워크 마케팅 사업의 특성상 물리적 점포가 없지만 사업을 시작하는 사업자는 하나의 점포가 됩니다. 나라는 점포가 영업 행위를 해서 소비자에게 제조사가 생산한 물건을 판매합니다. 여기서 기존 프랜차이즈 사업과 크게 다른 점 하나는 내가 프랜차이즈 본사처럼 점포를 늘려갈 수 있다는 것입니다. 그리고 그 점포가 만들어준 매출이 나에게 모두 공유되는 사업, 즉 처음에는 판매 사업인 것 같은데, 프랜차이즈 개설 사업으로 확대되고, 이후 나만의 유통회사가 하나 만들어지는 식으로 성장하는 사업. 이것이 바로 네트워크 마케팅 사업입니다.

네트워크 마케팅의
유래와 역사는?

네트워크 마케팅 사업의 학술적 근거는 1927년 하버드대학교 던킨 교수가 대학원생 때 발표한 논문인 '소비자 구매심리에 관한 연구'에 있습니다. 이 논문의 주된 내용은 구매자는 15퍼센트의 광고, 85퍼센트의 구전 때문에 구매하게 된다는 것이었는데, 구전을 통한 판매 방식의 효과성을 알린 첫 논문이었습니다.

최초의 네트워크 마케팅 회사는 '왓처스(WACHTERS)'로 1932년에 시작했습니다. 이후 앞서 소개한 논문을 바탕으로 뉴트리라이트사가 입소문과 구전 광고로 발생한 간접 매출을 보상해주는 'C&M 보상플랜'을 적용함으로써 최초의 브레이크어웨이 보상이 정착되었고 제대로 작동하는 네트워크 마케팅 회사가 완성됩니다.

하지만 네트워크 마케팅의 본고장인 미국에서도 멀티레벨마케팅

(Multi-Level Marketing)이 합법 인가를 받은 것은 1970년대 들어서입니다. 이후 폭발적으로 성장하며 유통 사업의 대명사가 되었지요. 1990년 암웨이를 시작으로 대한민국에서도 본격적으로 네트워크 마케팅 사업이 시작됩니다. 대한민국의 네트워크 마케팅 역사도 벌써 30년 가까이 됩니다. 불법 피라미드, 불법 다단계 사기 사건 등 많은 사건 사고가 있었지만 현재는 미국, 중국에 이어 전 세계 3위의 시장 규모를 자랑하는 네트워크 마케팅 선진국이 되었습니다.

일반 기업과 네트워크 마케팅 기업 간의 차이는?

일반 기업은 수익을 내는 구조, '비즈니스 모델'이라는 것이 존재합니다. 예를 들어 과자 회사라고 한다면 과자를 어떤 재료로 어떻게 생산하고, 생산한 과자를 어떤 식으로 유통할지, 그리고 광고를 해서 소비자에게 전달할지를 상세하게 계획하는 것이 바로 비즈니스 모델입니다. 비즈니스 모델에 따라 적합한 사람을 고용하고 월급을 주면 회사는 자연스럽게 운영되고 수익이 나게 됩니다. 다음의 피라미드 그림은 바로 비즈니스 모델을 나타내는 그림입니다. 기업을 만드는 사람은 이 비즈니스 모델을 만들고 사람을 채용하고 이들에게 나오는 이익의 일부를 급여로 주고 나머지 이익은 본인이 모두 챙겨 감으로써 부자가 됩니다. 누구나 이 비즈니스 모델을 만들면 좋겠지만 이것은 소수 천재에게만 허락된, 어려운 작업이기에 우리 같은 평범한 사람은 이들이 만들어

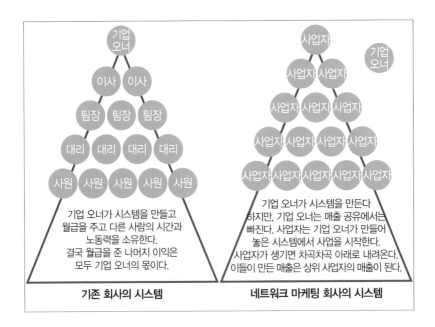

기업 오너가 시스템을 만들고
월급을 주고 다른 사람의 시간과
노동력을 소유한다.
결국 월급을 준 나머지 이익은
모두 기업 오너의 몫이다.

기존 회사의 시스템

기업 오너가 시스템을 만든다
하지만, 기업 오너는 매출 공유에서는
빠진다. 사업자는 기업 오너가 만들어
놓은 시스템에서 사업을 시작한다.
사업자가 생기면 차곡차곡 아래로 내려온다.
이들이 만든 매출은 상위 사업자의 매출이 된다.

네트워크 마케팅 회사의 시스템

놓은 비즈니스 모델에 노동력을 제공하고 월급을 받는 길을 선택하게

되는 것이지요.

반면 네트워크 마케팅의 비즈니스 모델은 겉으로는 피라미드 구조로

비슷해 보이지만 완전히 다른 모델입니다. 네트워크 마케팅 회사 오너

가 본인의 돈과 재능을 투자해 비즈니스 시스템을 만들고 여기에 적합

한 사람을 채용해서 회사 경영, 제품 개발, 마케팅, 회계 등을 담당하지

만, 유통 영역만큼은 소위 독립 사업자(IBO)들이 순서대로 빈 공간을

빠르게 채워나가게 됩니다. 이들은 프랜차이즈 회사에서 프랜차이즈를

하나씩 만들어 나가는 것처럼 독립 사업자를 구축하고 수백 명, 수천

명, 수만 명의 사업자를 내 직원처럼 보유할 수 있습니다. 특이한 점은

이들 사업자에게 월급을 주지 않는 대신 수만 명의 사업자를 보유한 회사의 유통 주인공이 될 수 있도록 해준다는 것입니다. 그리고 회사 오너가 가져갈 수 있는 엄청난 수익을 본인이 가져가는 것이 바로 네트워크 마케팅 회사입니다.

질문 4.
네트워크 마케팅 사업과
방문 판매 사업의 차이는?

방문 판매 사업과 네트워크 마케팅 사업은 겉으로는 비슷해 보입니다. 둘 다 사람을 통한 물건 판매, 즉 인적 판매 사업이라는 큰 공통점이 있기 때문입니다. 하지만 개념과 수익 구조는 완전히 다릅니다. 정수기, 화장품, 보험 등을 사람이 직접 판매하는 방문 판매는 내가 판매한 매출분에서 일정 부분을 소득으로 벌어가는 것이 특징입니다. 예를 들어 이번 달 100만 원어치를 판매했으면 그중 30퍼센트인 30만 원을 소득으로 벌어가는 단순한 구조입니다. 다음 그림처럼 나를 중심으로 수많은 고객을 직접 찾아내고 판매해야 하는 사업입니다. 마치 해바라기 같은 그림 구조가 만들어지는 것이 특징입니다.

네트워크 마케팅 사업도 본인이 직접 추천한 사람이 물건을 구매했을 경우 일정 소득을 가져간다는 공통점이 있지만 직접 판매수당은 방

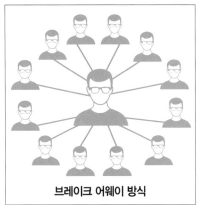

브레이크 어웨이 방식 | 바이너리 방식

문 판매와 비교했을 때 월등히 적은 것이 사실입니다. 하지만 드라마틱한 수익의 발생은 지금부터 시작입니다. 예를 하나 들어보겠습니다. 옆집 예린이 엄마가 사업을 잘할 것 같아 사업을 같이 하자고 제안했고 이후 예린이 엄마가 사업을 시작해서 월 1억 원의 매출을 올리게 되었다고 가정해보겠습니다. 이때부터 방문 판매와 네트워크 마케팅 사업의 확연히 다른 구조가 드러납니다.

방문 판매는 내 소득과 예린이 엄마의 소득이 전혀 상관없습니다. 즉, 내가 판매한 수익만 가져갈 뿐 예린이 엄마의 소득은 예린이 엄마의 몫이지요. 하지만 네트워크 마케팅 사업에서는 예린이 엄마를 내가 사업자로 만들었으니 예린이 엄마가 올린 1억 원이 내 소득으로 잡히게 됩니다. 다음 달 내가 차 사고가 나서 판매를 하지 못했다고 친다면 방문 판매일 경우 다음 달 내 소득은 '0'이 되지만 네트워크 마케팅 사업에서는 내가 사업에 참여시킨 유능한 예린이 엄마가 1억 원을 또 벌어

왔기 때문에 그 소득의 일부가 나에게 들어오게 됩니다.

그래서 방문 판매는 판매 사업이고 네트워크 마케팅 사업은 후원을 통해 많은 유통망을 만들어가는 후원 사업이라고 이야기하는 것입니다.

왜 네트워크 마케팅 사업을 다단계라고 부르나?

방금 방문 판매와 네트워크 마케팅 사업의 차이를 알려드렸습니다. 방문 판매는 내가 판매한 것에 대해서만 수익을 얻는 사업, 즉 단단계 보상이 이루어지는 사업입니다. 반면 네트워크 마케팅 사업은 내가 판매한 것은 물론 내가 사업자로 만든 사람(1단계)의 수익은 물론 거기에 그 사람이 사업자로 만든 사람(2단계), 그리고 그 사람이 또 만들어낸 사업자(3단계 ~ 무한대)가 만들어낸 수익까지 공유받는 다단계 보상 방식을 쓰고 있습니다. 그래서 네트워크 마케팅 사업을 다단계 사업이라고 하는 것입니다. 다시 한 번 풀이해 보자면 여러 단계로 보상이 풀리는 사업이 다단계 사업입니다. 결국 다단계 사업이라는 것은 굉장히 멋진 사업인 것입니다. 다른 사람이 벌어들인 수익을 그 사람을 소개한 사람이 가져가는 모델이기 때문입니다. 네트워크 마케팅 사업을 다단계 사업이라고 부르는 이유가 바로 여기 있습니다.

질문 6.

대한민국에서는 왜 이렇게 네트워크 마케팅의 인식이 좋지 않나?

사실 대한민국만 네트워크 마케팅에 대한 인식이 좋지 않은 것은 아닙니다. 네트워크 마케팅 사업의 보상 체계인 '다단계 보상 방식'을 악용하는 사례들이 미국, 일본, 베트남, 중국 등 전 세계 곳곳에서 일어나고 있습니다. 대한민국이나 해외나 시선은 비슷하다는 말입니다.

그럼에도 불구하고 대한민국은 주수도 회장과 조희팔 두 분의 '활약' 탓에 '불법적 사업'이라는 인식 정도가 더 심한 편입니다. 1992년 주수도 회장이 설립한 제이유네트워크 사건은 옥장판 같은 제이유 그룹의 물건을 사면 수당을 250퍼센트까지 준다는 수법으로 9만 명에게 2조 원의 피해를 입힌 희대의 사기극이었습니다. 조희팔은 의료용품 피라미드 회사를 통해 3만 명에게 4조 원을 가로챈 전무후무 한 사기 행각을 벌였고 대한민국을 '불법 피라미드의 왕국'으로 만들어 버렸습니다.

현재도 다단계 보상 방식을 활용한 불법 피라미드 업체 3000여 곳이 성업 중에 있습니다. 그 아이템도 다양해서 여행, 광고, 코인, 플랫폼 심지어 돼지까지 다루고 있지요. 이에 정부에서는 전 세계에서 가장 강력한 법령을 제정하고 법령에 의거한 140개 회사만을 '합법 네트워크 마케팅 회사'로 인정하고 활동을 허가하고 있습니다. 흥미로운 사실은 이들 140개 기업이 2018년도 한 해 동안 대한민국에서만 6조 원의 매출을 올렸으며 대한민국은 전 세계에서 네트워크 마케팅 3위의 '네트워크 마케팅 선진국'으로 성장했다는 것입니다. 하지만 아쉽게도 불법 피라미드 때문에 미래의 산업으로까지 불리는 네트워크 마케팅 사업의 인식이 아직 좋지 못한 것은 확실합니다.

불법 피라미드, 불법 다단계를 구분하는 방법은?

정말 다양한 불법 다단계 업체의 '활약' 탓에 합법적 네트워크 마케팅 회사들의 피해가 심각합니다. 이에 정부에서는 '다단계법'을 재정하고 합법과 불법의 명확한 경계를 두게 됩니다. 대한민국에서는 다단계 마케팅 방식으로 사업하고자 하는 기업은 공정거래위원회 산하의 '직접판매공제조합'과 '특수판매공제조합'에서 허가를 획득한 후 활동해야만 합법 네트워크 마케팅 회사로 인가받을 수 있습니다. 이들 두 개 조합은 일종의 보험기관으로 네트워크 마케팅 회사가 갑자기 도산하거나 누군가에게 피해를 입힐 경우 이를 보상해줍니다. 이들 두 개 조합의 가입은 100퍼센트 허가제인데, 그 가입 조건이 매우 까다롭기 때문에 어떤 회사인지 알아보고 싶을 때 이 두 개 기관을 검색해보시면 합법, 불법 여부를 정확하게 판단할 수 있습니다.

1) 직접판매공제조합 : www.macco.or.kr / 02.566.1202
2) 특수판매공제조합 : www.kossa.or.kr / 02.2058.0831

이들 기관에 가입하려면 매우 까다로운 조건을 통과해야 합니다. 대표적인 규정은 아래와 같습니다.

- 수당률 35퍼센트 규정: 매출의 35퍼센트까지만 사업자 수당으로 제공 가능(불법 다단계 사업이 하도 문제를 많이 일으키다 보니 수당률을 제한하는 방법으로 최소한의 통제를 진행하고 있습니다).
- 유형의 물품 규정: 금융, 코인, 여행, 보험과 같은 무형의 물품을 판매하려는 목적으로는 네트워크 마케팅 회사 설립이 불가
- 단일물품 165만 원 이하 규정: 한 개 물품이 165만 원을 넘을 경우 판매 불가
- 자본금 최소 5억 원 이상 규정: 회사가 갑자기 도산하지 않도록 막고자 회사 설립 자본금을 최소 5억 원으로 규정
- 반품 3개월 규정: 반품을 3개월까지 가능하게 함으로써 사업자와 소비자를 보호함
- 공제금 규정: 제품이 판매되면 그 제품 가격의 일부분을 공제조합에 공제금으로 반품 기간까지 맡겨 놓아야 함

가입 허가가 난 이후에도 실시간으로 이들 조건을 만족하는지 여부를 체크하며 만족하지 못하면 경고를 거쳐 영업정지부터 폐업명령까지

가능합니다. 이들 조합에 가입하지 못한 모든 회사는 대한민국 10대 강력범죄인 유사수신행위로 처벌받을 수 있으니 사업 진행 전 꼭 검색해 보시고 사업하시기 바랍니다.

코인 다단계?

대한민국 불법 다단계 업체 중에는 정말 상상을 초월하는 다양한 아이디어를 펼치는 업체들이 많습니다. 그중 최근에 가장 성행하는 불법 다단계는 코인과 토큰, 플랫폼 등을 이용하는 사업들입니다. 코인 다단계는 블록체인 기술을 기반으로 만든 코인이라는 화폐를 사용해 다른 사람에게 코인을 소개하면 다단계 보상을 받는 방식으로 진행하고 있습니다. 코인에 많은 이목이 쏠리자 이를 활용한 다단계 보상 방식의 회사가 우후죽순으로 생기는 것입니다.

결론부터 이야기하자면 직접판매공제조합과 특수판매공제조합에 등록되어 있지 않은 회사 중 다단계 보상방식을 쓰고 있는 회사라면 무조건 불법입니다. 그것도 대한민국 10대 강력범죄 중 하나인 유사수신행위에 해당하는 강력 범죄입니다. 코인은 그중 대표적인 불법 다단계 사업 중 하나로 주위 사람들에게 권하면 반드시 피해가 날 수밖에 없다는 점을 인지하시기 바랍니다. 심지어는 법정구속이 되는 경우도 비일비재하니 주의해야 합니다.

네트워크 마케팅 사업
정말 돈을 벌 수 있나?

'과연 네트워크 마케팅 사업으로 돈을 벌 수 있을까?' 참 많은 분들이 의심하는 내용입니다. 하지만 네트워크 마케팅 사업은 전 세계 최고의 석학과 유명인들이 찬사를 보낸 유통사업 방식입니다.

빌 클린턴 Bill Clinton

누구에게나 밝은 미래에 대한 기회를 주고 자영업을 통해 새 일자리를 창출하는 네트워크 마케팅 종사자들은 세계 경제 회생의 주역이다. 나라의 경쟁력을 높이고 경제를 튼튼하게 하기 위해 자기만의 성공을 구할 뿐 아니라, 남에게도 그 기회를 나누어야 한다.

만약 내가 소프트웨어 산업을 하지 않았고, 새로운 사업에 도전한다면 네트워크 마케팅 사업을 하겠다.

워렌 버핏 Warren Buffett

네트워크 마케팅 분야는 내가 아는 한 최고의 투자다.
네트워크 마케팅의 원리에 충실하면서 건실한 회사를 선택하라.

토니 블레어 Anthony Charles Lynton Blair

네트워크 마케팅은 경제가 전반적으로 발전하는 데 막대한 공헌을 하는 비즈니스다.

엘빈 토플러 Alvin Toffler

네트워크 마케팅은 프로세일즈맨이 아니라 보통 사람이 하는 사업으로 소비자 그룹이 형성되면 제품의 우수성 덕분에 재구매가 계속 일어나게 되고 기존 소비자가 주위에 자기가 사용하는 제품의 우수성을 이야기하는 과정에서 자연스럽게 새로운 고객을 소개받게 되므로 매출이 신장된다.

그럼 과연 네트워크 마케터들은 돈을 얼마나 벌까요? 에픽셀 솔루션 〈EPIXEL SOLUTION〉 2018 자료에 따르면 전 세계 탑10에 드는 네트워크 마케터의 수익은 실로 어마어마합니다. 평범한 사람이 연봉으로 170억

Rank	Name	Organization	(Estd.)
1	Dexter and Birdie Yager	Amway International	$15,600,000
2	Chanida and Nat Puranaputra	World Global Network	$14,400,000
3	Rolf Kipp	Forever Living Pr.	$9,600,000
4	Chad and Nattida Chong	World Global Network	$9,000,000
5	Brian McClure	Ambit Energy	$8,400,000
6	Igor Alberts and Andreea Cimbala	DagCoin	$7,080,000
7	Kim Hui	Jeunesse	$6,600,000
8	Barry Chi and Holly Chen	Amway International	$6,000,000
9	Jeff Roberti	Juice Plus+	$5,400,000

원을 번다는 게 상상이나 가시나요? 그런데 네트워크 마케팅 사업에서는 그것이 가능합니다.

실제로 미국 백만장자 중 20퍼센트는 네트워크 마케터라고 합니다. 이들 중 대학 졸업자의 비율이 그리 높지 않은 것도 흥미로운 사실입니다. 평생 일자리를 가져보지 못한 주부, 일용직을 전전하던 사람이 수백만장자가 되는 놀라운 일이 벌어지는 세상이 바로 네트워크 마케팅 세상입니다. 이것이 가능한 이유는 네트워크 마케팅 사업은 한 명의 능력으로 물건을 판매하는 방문 판매가 아니라 영업조직을 구축하고 이를 통해 유통회사를 만드는 사업이기 때문입니다. 자신의 산하로 수만 명의 유통조직이 만들어지고 이들을 통해 거두어들이는 수익을 공유받는 엄청난 사업이기 때문에 네트워크 마케팅 부자가 탄생하게 됩니다.

'권리소득'이란?

권리소득을 쉽게 이해하려면 버크 헤지스가 쓴 《파이프라인 우화》라는 책을 읽어보면 좋습니다. 부자가 되는 비법을 아주 쉽게 풀어놓은 책으로 네트워크 마케터라면 반드시 읽어야 하는 필독서 중 하나이지요. 잠시 내용을 소개하겠습니다.

작은 마을에 파블로와 브루노라는 두 젊은이가 살았다. 꿈이 많았던 두 젊은이는 늘 부자가 되기를 꿈꾸었다. 그러던 중 마을광장에 저장해 놓은 물탱크의 물이 점점 감소하는 사건이 일어났고 마을에서는 강에서 물을 길어올 사람을 구하게 되었다. 두 사람에게 돈을 벌 수 있는 기회가 생긴 것이다. 처음에는 파블로, 브루노 둘 다 이를 부자가 될 수 있는 인생 최고의 기회라고 생각했고 열심히 강에서 온몸을 바쳐 물을 길어 날랐다. 하지만 시간이 가면서 점차 두 사람의 행보는 달라지기 시작했다. 브루노는 부자가 되겠다는 목적으로 변함없이 자신의 몸을 불살라 물통을 날랐다. 반면, 하루 종일 물통을 나르느라 손에 온통 물집이 잡히고 온몸이 아파오는 고통을 느낀 파블로는 물을 좀 더 쉽게 길어올 수 있는 방법을 연구하기 시작했다. 그 결과 강부터 마을까지 파이프라인을 연결하는 방법을 개발해냈다.

이날부터 파블로는 점심 때까지만 물통을 나른 뒤 파이프라인을 구축하는 데 나머지 시간을 보냈다. 반면 브루노는 열심히 물통을 날라 파블로보다 두 배 높은 수익을 올리며 굉장히 화려한 삶을 살게 되었다. 몇 개월 후 파블로의 파이프라인이 절반 정도 완성되었다. 파블로는 덕분에 물을 나르는 시간이 절반으로 줄어들었고 시간적 여유가 더 생기자 좀 더 파이프라인 건설에 집중했다. 브루노는 매일 물통을 나르다 보니 몸이 점점 아파오기 시작했다. 그리고 자신의 처지를 한탄하고 뭔지 모를 분노와 불만을 품게 되었다.

마침내 파블로는 파이프라인을 완성했다. 깨끗한 물이 무한 공급되자 마을의 인구는 더 늘어나고 번창하게 되었다. 파블로가 밥을 먹거나 잠을 자는 동안에도, 즐겁게 노는 시간에도 물은 계속 흘러왔다. 도시의 인구가 많아지면 많아질수록 흘러가는 물의 양이 더 많아졌고 파블로는 더 많은 돈을 벌게 되었다. 그 후 파블로는 브루노와 함께 이 파이프라인을 구축하는 노하우를 다른 사람들에게 가르쳐주고, 다시 그 사람들이 그 기술을 가르치는 것을 와주는 청사진을 계획하게 된다. 그리고 이를 실현해서 연간 수백만 달러의 수입을 창출하는 부자가 된다.

이 동화를 보면 노동소득과 권리소득의 개념이 확실히 들어옵니다. 동화 속 주인공인 브루노는 자신의 힘과 시간을 바탕으로 돈을 버는 노동소득의 대표적인 케이스입니다. 아무리 탁월한 힘으로 물지게를 지고 날라도 한 명의 소득으로는 벌이에 한계가 있고 혹시나 아프기라도 하면 더 이상 수익을 벌어들일 수 없게 됩니다.

반면 파블로는 파이프라인을 통해 노동하지 않고도 돈을 벌 수 있는 시스템을 구축합니다. 한 번 파이프라인을 구축하기까지는 힘이 들지만, 만들어만 놓는다면 평생 동안 일하지 않고도 돈이 들어올 수 있는 것, 이게 바로 권리소득입니다.

워렌 버핏은 노동소득과 권리소득을 이 한 문장으로 잘 표현하고 있습니다.

"잠자는 동안에도 돈이 들어올 수 있는 방법을 찾아내지 못한다면 당신은 죽을 때까지 일을 해야만 할 것이다."

네트워크 마케팅 사업은
왜 '권리소득' 사업인가?

권리소득이라는 용어는 세계적 베스트셀러 로버트 기요사키의 《부자 아빠, 가난한 아빠》에 현금4사분면이라는 이론으로 잘 정리돼 있습니다. 저자 로버트 기요사키는 이 책에서 전 세계 5퍼센트의 사람들이 95퍼센트의 부를 가지고 있다고 이야기합니다. 이들은 자신의 시간과 노동력을 투입하지 않음에도 불구하고 소득이 생기는 '권리소득자'라는 공통점이 있습니다. 반대로 95퍼센트의 사람이 5퍼센트의 부를 나누어 가지고 살아간다고 합니다. 이들은 자신의 시간과 노동력을 투입해 돈과 바꾸는 '노동소득자'라는 특징이 있지요. 다음 표를 보시면 노동소득자와 권리소득자의 특징이 잘 나타납니다.

이 이론에 따르면 95퍼센트의 인구는 E사분면(봉급생활자)과 S사분면(자영업자 혹은 전문직)에 속해 있다고 합니다. 이들은 기본적으로 자신

부자와 푸어족은 개인 능력의 부족이 아니라 도구의 차이

노동소득	권리소득
"당신은 남을 위해 일해주고 봉급을 받는 일자리가 있습니다"	"당신은 시스템을 소유하며 사람들이 당신을 위해 일하고 있습니다"

노동소득 측 (E / S):

돈 ×
시간 ×
Employee
봉급생활자

E

Self-Employed
자영업자 혹은 전문직
돈 ○ 시간 ×

S

"당신은 일자리를
소유하고 있습니다"

인구 95%의 사람이
5%의 돈을 소유

권리소득 측 (B / I):

돈 ○
Business Owner
사업가

B

Investor 돈 ○ 시간 ○
투자가 봉사 ○ 기부 ○
건강 ○ 효도 ○

I

"당신의 돈이
당신을 위해서 일합니다"

인구 5%의 사람이
95%의 돈을 소유

봉급 생활자(Employee)
삼성, LG, GS, 현대 등 대기업 근무자, 중소기업 근무자, 알바생 등 1800만 명
평생 열심히 '남을 위해서' 일을 해야만 살 수 있습니다.
생계를 위해 노후에도 계속해서 일을 합니다.

자영업자&전문직(Self-Employed)
프랜차이즈 가맹점주, 식당주인, 의사, 변호사, 때밀이 등 약 700만 명
자신을 위해서 일한다는 장점이 있고, 봉급 생활자에 비해 경제적으로 윤택합니다.
하지만, 자신의 시간을 투자해서 돈을 벌기 때문에 이들에게는 시간적 여유는 없습니다.

사업가(Business Owner)
회사 창업가, 프랜차이즈 본사, 네트워크 마케터 등 약 100만 명
다른 사람의 시간과 노동을 소유할 수 있는 시스템을 소유하고 있습니다.
내가 일하지 않아도 누군가의 노동력 투입으로 인해 매일 권리소득이 생겨나고 있습니다.

투자가(Investor)
연예계 스타, 스포츠 스타, 자산가, 빌딩주인, 금수저 등 아주 극소수의 사람들
'돈과 시간의 자유, 봉사, 기부, 건강, 여행' 이 모든 것을 소유한 사람입니다. 돈이 돈을 벌어다 줍니다. 더이상 내 노동이 투입될 일이 전혀 없습니다. 자신의 통장에 돈이 얼마나 늘어나는지 모릅니다. 항상 시간 많고 사고 싶은 것 살 수 있고 원하는 것을 모두 누리면서 건강하고 행복하게 살아갑니다.

의 시간과 노동력을 투입해서 돈과 바꾸는 노동 소득을 거두고 있다는 뜻이지요. 한 명의 시간과 노동력만으로 돈을 벌어야 하니 이들이 벌어들이는 돈은 5퍼센트밖에 되지 않습니다. 아르바이트생, 직장인은 물론, 의사 변호사, 회계사 같은 전문직도 바로 이 영역에 포함됩니다.

반면 B사분면(사업가)과 I사분면(투자가)은 인구의 5퍼센트밖에 안 되지만 95퍼센트의 부를 거머쥐고 있습니다. 이들은 자신의 시간과 노동력을 투입하지 않고 돈이 돈을 벌게 만들거나, 자신이 만든 시스템을 통해 다른 사람의 시간과 노동력을 소유하고 이를 통해 돈을 버는 권리소득을 거두고 있다는 특징이 있습니다. 성공한 사업가, 연예인, 스포츠 스타, 타고난 금수저 등이 이 분면에 해당됩니다.

결국 부자가 되려면 노동소득이 아닌 권리소득을 거두는 사람이 되어야 한다는 것이 바로 로버트 기요사키의 이야기입니다. 흥미로운 사실은 이들 권리소득자에 '네트워크 마케터'가 포함되어 있다는 것이지요. 네트워크 마케팅의 특징이 바로 내 산하로 만든 수많은 사업자의 매출을 공유받는 시스템이라는 것입니다. 처음에는 사업자를 구축하고 만들어가는 노동을 하지만 시간이 지나 사업자가 구축되면 적게는 수백, 수천, 수만 명의 사업자가 파이프라인으로 소득을 공유하게 됩니다. 네트워크 마케팅 사업을 시작했다면 브루노처럼 판매하는 사업이 아닌 파이프라인을 통해 사업자를 구축하는 데 초점을 맞추어야 하는 이유가 바로 여기 있습니다. 아주 평범한 사람이라도 파이프라인만 잘 구축하면 월 1000만 원, 1억, 10억 원의 권리소득을 창출할 수 있는 사업, 바로 네트워크 마케팅 사업입니다.

자영업과 네트워크 마케팅 중 어떤 사업이 더 좋을까?

초기 투자비용&영업이익 (단위:만 원)		노동활동	투자금 회수기간
2억~4억5천		점포 관리, 직원 관리, 시설 관리, 레시피 관리, 본사와의 업무, 원자재 입출고, 가맹비 처리, 재고 처리	115개월~ 258개월
월 175만			
6천~1억		점포 관리, 직원 관리, 시설 관리, 레시피 관리, 본사와의 업무, 원자재 입출고, 가맹비 처리, 재고 처리	32개월~ 51개월
월 196만			
7천~1억		점포 관리, 직원 관리, 시설 관리, 레시피 관리, 본사와의 업무, 원자재 입출고, 가맹비 처리, 재고 처리	38개월~ 53개월
월 186만			
7천~1억5천		점포 관리, 직원 관리, 시설 관리, 레시피 관리, 본사와의 업무, 원자재 입출고, 가맹비 처리, 재고 관리 및 처리	44개월~ 97개월
월 156만			

자료출처: 2016 공정거래위원회 가맹본부 비교정보

일단 자영업 창업을 원하시는 분들께는 죄송한 이야기를 하겠습니다. 프랜차이즈 창업 박람회에 가보면 발 디딜 틈이 없습니다. 오늘도 자영업 부자의 꿈을 꾸면서 적게는 수천만 원에서 많게는 수억 원을 들여 프렌차이즈 창업 전선에 뛰어들지요. 하지만 현실은 참혹합니다.

2016년 정부 통계에 따르면 커피숍 창업비가 평균 1억 원에서 4.5억 원, 편의점 창업비가 평균 7천만 원에서 1.5억 원 수준인데 비해 주인이 가져가는 월소득은 평균 175만 원, 156만 원에 그쳤다고 합니다. 편의점은 낮에는 아내가, 밤에는 남편이 운영하는 부부 생이별을 감안하고 24시간 동안 아주 드라마틱한 노동을 했을 경우에 이 정도의 수익을 가져간다는 것이 충격이지요! 결국 커피숍 창업비용을 2억 원이라고 가정할 때 최소 8년을 꼬박 일해야 본인이 투자한 비용을 뽑을 수 있다는 계산이 나옵니다. 최저임금은 가파르게 상승하고 있어 아르바이트생의 월급이 사장의 소득을 넘어갈 시점이 곧 다가오고 있습니다.

더욱 심각한 것은 그럼에도 불구하고 자영업, 프랜차이즈 창업 인구는 꾸준히 늘어나고 있다는 점입니다. 매일 동네를 돌아다니면 보이는 수많은 상점들이 간판을 바꾸어 달고 있는 현상이 이를 반증합니다.

이에 비해 네트워크 마케팅 사업은 창업비용에 대한 리스크가 전혀 없습니다. 좋은 회사를 선택하고 시간만 투자하면 나만의 사업체를 만들 기회가 제공되는 사업입니다. 자영업자의 5년 내 폐업률은 87퍼센트입니다. 수천만 원에서 수억 원의 소중한 재산을 성공률 13퍼센트의 도박에 걸고 싶으신가요? 아니면 시간만 투자하면 수백만 원, 수천만 원, 수억 원의 소득을 그것도 권리소득을 얻어갈 수 있는 네트워크 마케팅 사업에 투자하실 건가요? 여러분의 선택입니다.

독립 사업자?

네트워크 마케팅 사업자는 방문 판매원들과 달리 월급을 받지 않습니다. 즉 회사 소속이 아닌 자신의 비즈니스를 꾸려가는 독립 사업자로 IBO(Independent Business Owner)라고도 표현합니다. 사업 진입, 의사결정, 사업자 구축 등 모든 과정을 자신의 의사로 결정하기 때문에 작게는 자영업, 크게는 회사를 운영하는 것과도 같습니다. 그래서 네트워크 마케팅 사업을 시작하신 모든 사람의 호칭을 '사장님'으로 통일하는 것이 업계 관례입니다.

질문 14.

네트워크 마케팅 창업비용?

네트워크 마케팅 사업의 정의에서 이야기했지만 '무점포 프렌차이즈' 사업입니다. 실제 점포를 개설하는 것은 아니지만 '나'라는 점포가 가상으로 생기는 것이고 '나'라는 점포를 채울 초기 물건들이 필요하기 때문에 회사에서는 '사업자 패키지'라는 것을 구매하게끔 권유하는 것이 보통입니다. 이 사업자 패키지는 보통 회사의 대표 상품으로 구성돼 있습니다. 직접 써보고 그 제품을 느끼기에는 충분한 양이 포함돼 있으며, 사업을 전달하고 싶은 사람에게 선물로 주기에도 부족함이 없는 양입니다.

대한민국 140개 업체의 사업자 패키지 가격은 적게는 19만 원 수준에서 많게는 1100만 원이며 통상 200만 원 정도의 비용으로 생각하시면 됩니다. 이들 패키지를 구매하면 회사에서 지급하는 보상을 100퍼센트 적용받을 수 있는 권한이 생기게 됩니다. 이 패키지는 평생 한 번 구매하는 것이니 큰 부담은 없으실 겁니다.

창업비용 외에도 매달 유지해야 하는 금액도 존재합니다. 보통은 한 달에 10만 원 선으로 유지금액만큼 물건을 구매하는 것을 상례로 합니다. 만약 유지금액만큼 물건을 구매하지 않으면 하단부에서 올라오는 수당을 받지 못하게 됩니다. 그래서 업계에서는 네트워크 마케팅 사업을 200만 원 창업비용에 월 10만 원 월세를 내는 사업이라고 이야기한답니다. 200만 원 창업비용, 월10만 원 월세를 내고 시간만 투자하면 월 1000만 원, 월 1억 원도 벌 수 있는 매력적인 사업이 네트워크 마케팅 사업입니다.

사업자들에게 월급을 주나?

사업자들에게 월급을 주지 않아도 되는 사업, 그런데 그 사업자가 벌어다 주는 돈이 소득이 되는 사업이 네트워크 마케팅 사업입니다.

누구나 처음에 직장생활을 시작하면 '앞으로 3년 내로 과장으로 특진하겠다', '10년 만에 사장이 되겠다' 등 남다른 포부를 밝힙니다. 하지만 오리엔테이션이 끝나고 부서 배치 받고 나서 1개월만 지나면 눈빛은 동태눈깔로 변하고 그때부터는 안 잘리는 것이 목표가 되어버립니다. 입사할 때는 엄청나게 능동적이었지만 시간이 지날수록 월급이라는 마약에 빠져 수동적이게 되는 것, 이것이 바로 직장이라는 곳의 일반적인 패턴입니다.

그런데 이런 직장생활과 정반대의 조직이 있습니다. 처음에는 끌려오다시피 하는데, 이후에는 능동적으로 변하는 조직, 바로 종교가 여기에 해당됩니다. 교회를 예로 들어보면 교회에 가는 사람 중 상당수는 누군가의 손에 이끌려 갑니다. 그런데 성령이 깃들기 시작하면 그때부터는 게으른 사람도 일요일 새벽에 일어나 형광 조끼를 입고 주차 봉사를 나갈 정도로 매우 능동적이게 됩니다. 처음에 들어올 때는 엄청 수동적이지만, 누구도 말릴 수 없을 만큼 능동적으로 바뀌는 것, 바로 종교의 힘입니다.

종교와 비슷한 패턴을 보이는 조직이 네트워크 마케팅 회사입니다. 네트워크 마케팅 사업도 처음부터 자발적으로 오는 사람은 거의 없습니다. 주위 지인의 강요와 설득 때문에 어쩔 수 없이 사업을 접하게 되지만 그 사업을 확신하는 순간 엄청나게 능동적으로 변하게 됩니다. 능동적으로 변하는 이유는 단 하나입니다. 바로 이 사업이 남을 위해 일하는 것이 아닌 바로 자신을 위한 사업이기 때문입니다.

수천만 원, 수억 원을 투자해 편의점을 창업했는데 열심히 일하지 않을 사람은 없습니다. 자신이 일하는 만큼 모든 수익이 자신에게 돌아오기 때문입니다. 네트워크 마케팅 사업은 이런 큰돈 투자는 없지만, 자신의 사업이기 때문에 열심히 일할 수밖에 없습니다. 그런데 이렇게 능동적으로 일하는 사람 수백, 수천 명이 내 산하로 있고 이들에게 월급조차 주지 않는데 그 사람들이 수익을 벌어다 주는 사업, 그래서 권리소득을 얻을 수 있는 사업은 없을 것입니다.

네트워크 마케팅 사업을 시작할 적절한 나이는?

이세돌 9단을 이긴 인공지능이 인간을 위해 일하는 꿈만 같은 시대, 이를 4차 산업혁명 시대라고 이야기합니다. 인간은 노동에서 점차 해방되고 덕분에 유래 없이 풍족한 삶을 살 수 있을 것이라 꿈꾸고 있지만, 사실 많은 직업이 사라지게 되는 부정적인 면도 무시할 수 없습니다.

실제로 2016년 다보스포럼에서는 4차 산업혁명 시대에 인공지능이 빼앗아갈 직업을 다루었는데 이들 직업은 예시일 뿐 실제로 사라지는 직업군은 어마어마할 것으로 예상됩니다.

한 예로 자율주행차가 도입되면 버스기사, 택시기사, 트럭기사는 물론이고 대한민국 부업의 상징인 대리운전기사도 설 자리를 잃게 됩니다. 자동차와 자동차는 인공지능끼리 연결돼 있어 사고가 현격히 줄어들게 되며, 이에 따라 교통경찰은 물론이고 보험에 종사하는 사람도 타

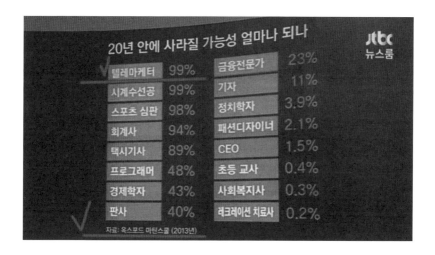

20년 안에 사라질 가능성 얼마나 되나

텔레마케터	99%	금융전문가	23%
시계수선공	99%	기자	11%
스포츠 심판	98%	정치학자	3.9%
회계사	94%	패션디자이너	2.1%
택시기사	89%	CEO	1.5%
프로그래머	48%	초등 교사	0.4%
경제학자	43%	사회복지사	0.3%
판사	40%	레크레이션 치료사	0.2%

자료: 옥스포드 마틴스쿨 (2013년)

격을 받게 됩니다. 이것이 바로 곧 닥치게 될 4차 산업혁명 시대의 단면
입니다.

반면 4차 산업혁명 시대에도 많은 전문가들이 네트워크 마케팅 사업
은 앞으로 더욱 발전할 사업이라고 이야기하고 있습니다. 이유는 기업
과 소비자를 바로 이어주는 직업이기 때문입니다. 인간만이 할 수 있는
직업이기에 평생 동안 살아남을 직업이고 나이 먹고 죽을 때까지 할 수
있는 직업입니다.

월 1000만 원 소득까지
얼마 만에 도달 가능한가?

네트워크 마케팅 본고장인 미국에서는 백만장자의 20퍼센트가 네트워크 마케터일 만큼 고소득자들이 많은 직업입니다. 실제로 네트워크 마케팅 사업의 매력은 바로 같은 노력을 했을 때 가장 빠르게 월 1000만 원 소득을 얻을 수 있는 직업이라는 것입니다. 월 1000만 원 소득을 버는 대표직인 직업인 대기업임원, 의사, 자영업자와 비교 분석을 해보면 답은 쉽게 나옵니다.

많은 직장인의 로망인 대기업 임원으로 승진하면 월 1000만 원의 월급이 충분히 나옵니다. 하지만 대기업 임원이 되려면 먼저 대기업 취업문을 뚫어야 하는데 요즘은 소위 SKY대학 출신 그중에서도 1, 2등을 해야 대기업 입사가 가능합니다. 경쟁을 뚫고 1000명이 입사했다면 평균 20년의 치열한 사내 경쟁을 거쳐 한 명의 임원이 탄생하게 됩니다.

0.1퍼센트의 확률입니다. 아쉽게도 대한민국 임원의 평균 임기는 3년이며 계약직이라는 사실이라는 것 알고 계시는지요?

모든 엄마들이 선망하는 대상, 의사! 의사는 한 달 평균 1000만 원을 법니다. 다만 의사가 되려면 고등학교에서부터 1, 2등을 해서 의대에 입학하고 의대 6년, 인턴 레지던트 4년을 거쳐 10년, 남자는 군의관 3년까지 포함해 보낸 후 사회에 나오게 됩니다. 상당한 지적 능력을 갖추어야 함은 물론 13년간의 수련 기간도 참아내야 하는 의사라는 직업은 평범한 사람은 엄두도 내지 못하는 직업입니다.

자영업자도 월 1000만 원을 벌 수 있는 가능성이 있습니다. 다만 통계상 전체 자영업자의 1퍼센트만 월 1000만 원 소득 범주에 있습니다. 학력은 상관없지만 수천만 원에서 수억 원을 투자해야 하고 폐업률은 5년 내 87퍼센트입니다.

이에 비해 네트워크 마케팅은 학력이나 준비 기간이 필요 없습니다. 초기 투자비용도 거의 없고 시간만 투자하면 됩니다. 능력 있는 사람은 몇 개월에서 1년 안에 월 1000만 원 소득을 가져갈 수 있습니다. 조직을 잘 갖추어 놓으면 소득은 점차 늘어나는 구조가 되고 월 1000만 원이 아니라 월 1억도 넘길 수 있습니다. 게다가 앞에서도 다루었지만 네트워크 마케팅 사업의 소득은 권리소득입니다. 상식적으로 생각한다면 현재 수준에서 어떤 사업을 시작하실 건가요?

많이 팔아야 하는 사업인가?

네트워크 마케팅 사업을 '물건을 파는 사업'이라고 생각하시는 분들이 많습니다. 그래서 대한민국 네트워크 마케터 중 95퍼센트가 사업에 실패합니다. 만약 물건을 파는 사업을 생각하신다면 방문 판매 사업을 추천 드립니다. 정수기, 보험, 공기 청정기, 속옷, 화장품 등의 제품을 주위 지인에게 판매하는 사업이 바로 방문 판매 사업입니다. 보통 소매 마진이나 보상이 제품 가격의 10~15퍼센트, 월 10만 원을 납부하는 보험을 판매했을 경우 1000퍼센트인 100만 원 정도의 소득을 얻는 등 제품당 수익률이 높은 편이기 때문에 자신의 시간만 투자하고 어느 정도의 능력만 갖추면 한 달에 200만~300만 원 정도의 수익은 벌어갈 수 있습니다.

반면 네트워크 마케팅 사업은 소비자 한 분 한 분 찾아 다니면서 판매를 한다면 그때부터 답이 안 나오는 사업이 됩니다. 네트워크 마케팅 특성상 직접 제품을 판매했을 경우, 수익이 높지 않습니다. 많아야 제품 판매 가격의 2~2.5퍼센트 수준입니다. 고객을 찾아 다니면서 커피 값 쓰고, 소중한 시간을 써가면서 제품을 판매했는데 2~2.5퍼센트의 소득만 남긴다면 움직일 때마다 마이너스일 수밖에 없습니다.

앞서 네트워크 마케팅 사업을 '무점포 프렌차이즈 사업'이라고 정의했습니다. 네트워크 마케팅 사업은 우리 회사에서 제조한 물건을 유통할 프렌차이즈를 나를 중심으로 많이 만들어내는 사업이며 이 프렌차이즈가 더 많은 프렌차이즈를 만들어내고 소비자를 만들어내도록 도움으로써 프랜차이즈 본사가 누리는 혜택, 즉 이들 프랜차이즈들이 벌어들이는 매출에서 일부를 수익으로 얻어가는 유통 사업입니다. 여기에 집중하면 월 수백만 원에서 수억 원을 벌 수 있는 큰 사업으로 성장하게 됩니다. 팔지 말고, 사업자를 찾으십시오. 그러면 성공하는 사업이 네트워크 마케팅 사업입니다.

어떤 능력을 가진 사람이 성공할까?

네트워크 마케팅 사업의 또 다른 장점은 특별한 능력이나 스펙을 요구하는 사업이 아니라는 것입니다. 사업에서 성공하고 싶다는 열정과 시간 투자, 성공한 직급자들이 만들어 놓은 시스템에 참여한다면 평범한 사람이라도 누구나 성공할 수 있는 사업입니다.

거기에 하나 더 추가하자면 '네트워크 마케팅 사업은 남의 힘을 이용하는 사업'이라는 점입니다. 나보다 더 유능한 사람을 리쿠르팅하고 사업자로 만듦으로써 그 유능한 사람이 만들어주는 매출을 받는 사업이 네트워크 마케팅 사업입니다.

네트워크 마케팅 사업으로 성공하는 요소 중에서 가장 중요한 것이 '결단'입니다. 이 결단을 잘하는 사람이 네트워크 마케팅에서 성공합니다. 대한민국에서 가장 천대받는 직업인 네트워크 마케터로서의 삶을 살겠다는 결단, 인생을 바꿀 수 있는 기회를 잡겠다는 결단, 회사가 제시하는 그리고 그룹이 제시하는 성공하는 사업자의 길을 철저히 답습해서 따라가겠다는 결단만 있다면 네트워크 마케팅 사업에서 성공할 수 있습니다.

네트워크 마케팅 사업 꼭 해야 되나?

만약 이 책을 읽고 있는 분이 자산 30억 원 이상을 가지고 있다면 굳이 네트워크 마케팅 사업을 하실 이유가 없습니다. 작은 빌딩을 하나 구매하셔서 평생 월 1000만 원 이상의 권리소득을 얻고 사시면 됩니다. 하지만 대한민국에 30억 원 이상을 가진 자산가는 불과 0.01퍼센트도 안 되는 것이 현실입니다.

대한민국민의 90퍼센트는 오늘 일을 하지 않으면 당장 내일 생활비를 걱정해야 하는 '푸어(poor)족'이라고 합니다. 지금은 직장에서, 자영업을 하며, 아르바이트를 하면서 당장의 생활비는 벌겠지만, 자의든 타의든 간에 일을 하지 못하는 상황이 발생할 미래를 대비해야 합니다. 그 대비책 중 가장 능동적이고 현실적이며 현명한 방법이 네트워크 마케팅 사업을 지금부터 배우고 오늘부터 시작하는 것입니다.

네트워크 마케팅 사업은 앞서 언급했지만 인공지능도 뺏어가지 못하는 직업으로서 우리가 살아 있는 동안 없어지지 않을 몇 안 되는 직업입니다. 아울러 지금부터 오랜 기간 동안 성장할 수 있는 회사를 선정하고 성공한 사람들이 제시하는 방법대로 유통조직을 하나씩 구축해 놓는다면 부가수익을 얻음과 동시에 안정적으로 미래를 대비할 수 있는 가장 현명한 방법일 것입니다.

10년 만에 업계 2위로 급부상한 국내 네트워크 마케팅 업체인 'A사' 사업설명회를 가보면 70대, 80대 어르신들이 오늘도 사업에 집중하고 있습니다. 그 분들의 얼굴에는 웃음꽃이 피어 있고 살아 있는 날까지 평생 할 수 있는 일이 있다는 안도감과 수익을 발생시킬 수 있다는 희망을 가지고 매일 달려나가고 있습니다. 이 책을 선택한 이유를 잘 생각해보시고 지금 바로 결단하고 뛰어나가십시오. 그러면 멋진 미래가 펼쳐질 겁니다.

chapter 2

회사 선택 가이드

네트워크 마케팅 사업은 평생 할 수 있는 사업입니다. 심지어 내가 만들어놓은 자산을 2대에게 상속도 가능한 사업입니다. 단, '회사가 망하지 않는다면'이라는 전제가 있습니다. 즉, 어떤 회사를 선택하느냐가 네트워크 마케팅 사업의 성공은 물론 영속성도 보장하게 되는 것이니 사업을 시작하기 전에 해야 할 어쩌면 가장 중요한 선택이라고 할 수 있습니다.

이번 장에서는 실패하지 않는 회사 선택 기준을 제시하고자 합니다.

질문 21.

해외기업 or 국내기업?

네트워크 마케팅 기법이 미국에서 개발되고 들어오다 보니 해외에서 만들어진 네트워크 마케팅회사가 좋고, 믿을 만한 회사라고 생각하는 사람이 많습니다. 결론부터 이야기하면 전혀 중요하지 않습니다.

해외 기업은 해외에서 오랜 기간 동안 안정적인 매출과 제품의 품질을 인정받았고, 글로벌 표준으로 사업을 진행하기 때문에 보상 플랜이 잘 바뀌지 않는다는 장점이 있습니다. 아울러 역사와 전통이 오래된 기업이 많아 회사 경영상 안정성이 뛰어납니다.

하지만 매출의 35퍼센트만 보상받을 수 있는 우리나라의 규정은 해외의 보상규정과 다르기 때문에 글로벌 원서버 적용이 어렵습니다. 또한 국내에서 매출이 받쳐주지 않으면 쉽게 철수하는 일이 왕왕 있고, 본사와의 소통이 원활하지 않아 문제가 발생하면 클레임을 걸어도 회신을 받는 데까지 6개월 이상 걸리기도 합니다. 최근에는 우리나라 사람들이 해외 기업을 좋아하는 특성을 이용해 한국 사람이 미국에 법인을 내고 한국으로 가져와 글로벌 기업이라고 홍보하는 경우도 많이 있으니 반드시 사전에 신중하게 검증해야 합니다.

국내에서는 돈 있는 네트워크꾼들이 적은 자본을 가지고 회사를 만들어 한탕 해보려는 시도가 많았습니다. 그래서 '국내 회사는 믿을 것이 못 돼'라는 부정적 편견이 만들어지기도 했지요. 최근에는 A사와 같이 1조 원 매출의 국내 기업이 탄생하고 있고 제품의 품질을 기반으로 해외 기업을 압도하는 신생 기업이 생겨나고 있는 추세입니다. 국내 기업은 대한민국 정서와 대한민국인에게 맞는 제품을 만든다는 것이 큰 장점입니다. 특히 가성비를 기반으로 하는 회사가 많아 가격적 메리트를 충분히 지니고 있고 의사결정이 빨라 위기 대처 능력이 좋다는 장점이 있습니다. 해외 진출 시에는 35퍼센트 규정을 바탕으로 글로벌 원서버를 구축하기 때문에 다른 나라 사람들의 매출을 올려 받을 수 있다는 장점도 있습니다.

다음 표는 2015년부터 2018년까지 탑10 업체와 매출 현황입니다.

상위 탑10 안에 해외 A사, N사, U사, H사 등 해외 기업 일곱 곳 정도가 꾸준히 랭크돼 있음을 알 수 있습니다. 국내회사 중 A사는 부동의 2위로 자리를 굳혔습니다. 재미있는 사실은 상위권을 지키는 해외 기업의 매출이 급감하고 있다는 것입니다. 반면 가성비를 근간으로 사업모델을 펼치고 있는 A사, G사 같은 회사의 매출은 급증하고 있으며, 30년 가까이 지켜온 1등 해외 A사의 자리가 곧 국내 회사로 바뀌게 될 가능

주요 다단계 기업 매출 현황

순위	회사명	2018년	2017년	2016년	2015년
1	한국암웨이(주)	1조2799억	1조2790억	1조2374억	1조1734억
2	애터미(주)	9707.6억	9016억	7784.7억	6975.7억
3	뉴스킨코리아(주)	4562억	4518.6억	5317.8억	5297억
4	유니시티코리아(유)	2223.5억	2610.5억	3161억	2275억
5	한국허벌라이프(주)	1855억	1925억	2573억	3747.9억
6	시크릿다이렉트코리아(주)	1593.9억	1541.5억	1161.7억	1014.6억
7	유사나헬스사이언스코리아(유)	905.6억	691.8억	549억	461억
8	시너지월드와이드코리아(주)	883.8억	656.5억	748억	517.9억
9	지쿱(주)	843억	482.6억	319.5억	9.5억
10	(주)아프로존	813.7억	598.9억	778억	1035억

성이 큽니다. 해외회사, 국내회사는 사업을 결정하는 면에서 큰 의미는 없습니다. 가장 중요한 것은 나에게 맞는 사업을 선택하는 것입니다.

프리미엄 회사 or
가성비 회사?

네트워크 마케팅 회사는 제품군에 따라 프리미엄 회사와 가성비 회사로 크게 나뉩니다. 프리미엄 회사는 특정 카테고리에서 독특한 성능의 제품을 가지고 사업을 하는 경우로 화장품을 중심으로 사업하는 N사·S사나 건강기능식품을 중심으로 사업을 진행하는 U사·H사와 같은 기업이 프리미엄 회사군에 속합니다. 이들 회사는 제품이 독특한 반면 가격대가 고가인 것이 특징입니다.

이에 비해 가성비 회사는 시중에서 누구나 살 수 있는 생필품을 시중가보다 저렴하게 제공하는 회사로 A사, G사와 같은 회사들이 여기에 해당합니다. 이들 회사는 일단 제품 성능 대비 가격이 매우 저렴하고 제품이 수백에서 수천 종까지 다양하다는 특징이 있습니다.

대한민국에 등록되어 있는 140개 업체 중에 프리미엄이 아니거나 가성비가 아닌 어중간한 가격대의 제품으로 사업을 하는 회사는 오래 가지 못한다는 것이 통계로 증명되었습니다. 또한 흥미로운 사실은 2017년부터 시작된 해외 프리미엄 회사의 매출 하락세가 지속되고 있다는 것입니다. 반면 가성비를 기반으로 한 국내 기업의 성장세는 가파릅니다. 2018년 기준 A사는 국내 기업으로는 처음으로 창립 9년 만에 1조 원 매출을 달성하며 2위 자리를 지키고 있으며, 지쿱은 창립 3년 만에 9위로 치고 올라왔습니다. 이외에도 가성비를 기반으로 하는 회사의 성장세가 모두 좋은 만큼 대한민국에서 가성비를 기반으로 하는 국내 회사의 성장은 더욱더 가속화될 것으로 보고 있습니다. 경제가 안 좋아지고 있는 영향도 있지만 더 이상 프리미엄 회사와 가성비 회사의 제품이 경쟁력에서 큰 차이가 없기 때문에 벌어지는 일이기도 합니다. 네트워크 마케팅에서 성과를 내는 측면에서 보자면 본인에게 어떤 회사가 맞느냐의 문제이지 프리미엄 회사냐, 가성비 회사냐의 이슈는 아닙니다. 다만 최근 트랜드를 보았을 때 가성비 회사에서 사업을 시작하는 쪽이 초보 사업자에게는 좀 더 확률 높은 선택이 될 수 있다는 점은 참고하시기 바랍니다.

제품 수가 많은 회사 or 적은 회사?

모든 네트워크 마케팅 회사는 주력 제품이 있습니다. 회사만이 만들어낼 수 있는 제품, 이를 아이템 제품이라고 합니다. 해외 A사의 뉴트리라이프, 국내 A사의 해모임, N사의 갈바닉 등이 이에 해당됩니다. 아이템 제품의 역할은 타 회사와 차별성 확보는 물론 이를 바탕으로 빠른 인지도를 쌓아감으로써 매출 확대에도 큰 도움을 주는 것입니다. 초기 런칭하는 회사는 이 아이템 제품을 가지고 1년에서 2년 정도 사업하는 것이 보통입니다.

하지만 아이템 제품은 재구매와 영속성을 보장하지 못하는 경우가 많습니다. 그래서 거의 대부분의 회사에서는 보통 어느 정도 회원의 숫자가 확보되면 재구매가 활발히 이루어질 수 있는 치약, 칫솔, 세제 등의 생필품 라인을 반드시 갖추어 갑니다.

만약 회사의 연식이 오래되었는데, 아직까지 제품 숫자가 적거나 아이템 제품에만 의존하고 있는 회사라면 매출 성장이 떨어질 수밖에 없습니다. 이 때문에 제품 개발 속도를 반드시 체크해야 합니다. 실제로 몇 개의 제품만 만들어 놓고 세월아 네월아 하는 기업이 상당수입니다. 이들 기업에 내 소중한 인생과 조직을 바친다면 2대 상속은커녕 애써 만들어 놓은 조직마저 한 방에 날아갈 수 있음을 명심하셔야 합니다.

초기 선점이 중요한가?

'초보자는 처음 설립하는 회사를 가고 고수는 설립된 지 3년 이상 된 회사를 간다'라는 업계 통념이 있습니다. 네트워크 마케팅 사업은 조직 구조가 피라미드이기에 초기에 합류하면 피라미드의 꼭대기에 배치되고 더 많은 소득을 얻을 기회를 먼저 가지게 되는 것이 사실입니다. 이를 전문 용어로 '선점'이라고 하는데 상당수 네트워크 마케터들이 선점 기회를 잡으려고 신생 회사로 불나방처럼 몰리는 경향이 있습니다.

하지만 반드시 알아야 할 것이 신생 네트워크 마케팅 회사는 시행착오가 많고 폐업률이 높다는 사실입니다. 보상이 바뀐다든지, 약속된 제품이 나오지 않는 등의 많은 시행착오를 겪게 됩니다. 거기에 사업자를 육성할 시스템을 갖추지 못한 경우가 많아 우왕좌왕하다가 사업이 끝나기도 합니다. 실제로 신생 회사의 50퍼센트는 2년도 안 되서 폐업

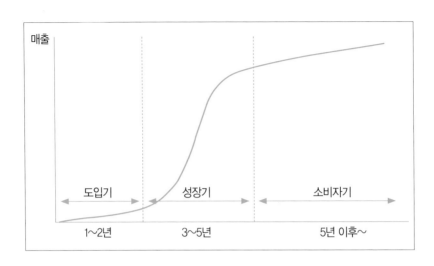

합니다. 결국 바로 설립된 회사를 선점하는 건 50퍼센트 확률의 도박이 되어 버리는 셈이지요. 그렇다고 10년 이상 된 안정적인 회사, 매출이 많은 회사로 간다면 이미 구축되어 있는 사업자와 소비자가 많기 때문에 선점효과는 떨어질 수밖에 없습니다. 선점효과가 떨어진다는 것은 같은 노력으로 누릴 수 있는 소득적 혜택과 조직구축의 혜택이 떨어진다는 것을 의미합니다.

이에 3년 정도의 시점이 지난 회사 중 매출 성장성이 좋고, 사업자 구축을 위한 시스템이 일부 갖추어진 회사를 선택하는 것이 선점효과를 어느 정도 누리면서 안정성까지 챙길 수 있는 좋은 방법입니다. 또한 네트워크 마케팅 회사의 근간인 제품이 시장에서 어떤 반응을 보이고 있는지도 반드시 체크해주시기 바랍니다.

위 도표는 세계적인 네트워크 마케팅 컨설팅 기관에서 만든 도표입니다. 보통 모든 회사는 설립 1년에서 길게는 2년까지 '도입기'를 거칩니다. 이 기간 동안 살아남는 회사는 소수입니다. 회사 설립 후 3년 이후부터 본격적으로 성장한다고 보면 됩니다. 즉, 네트워크 마케팅 부자도 이 시점에 배출이 됩니다. 그러니 실패 확률은 줄이고 선점 타이밍을 잡을 수 있는 성장기에 있는 회사를 선택하려 한다면 3년 정도 된 회사를 선택하시는 것이 좋습니다.

나이가 회사 선택에 미치는 영향은?

회사가 아무리 튼튼해도, 회사가 아무리 많은 제품을 가지고 있더라도 내 사업이 잘되고 돈이 되어야 의미가 있습니다. 그래서 자신의 강점을 살릴 수 있는 가장 적합한 회사를 고르는 것이 무엇보다 중요합니다. 이를 파악하려면 반드시 그 회사의 주력 연령층과 성별을 따져볼 필요가 있습니다. 보통 본사 사업설명회를 가보면 주력 연령층을 파악할 수 있는데 생필품을 다루는 회사와 건강기능식품 회사의 주력 연령층은 50대입니다. 반면 화장품을 주력으로 하는 회사는 20대 후반에서 40대 초반까지의 젊은 여성 사업자가 많습니다. 다이어트를 기반으로 하는 회사는 40대 미만의 젊은 사업자가 많고 성공 확률이 높습니다.

회사 선택에서 연령은 굉장히 중요한 요소입니다. 20대 초반의 팔팔

한 남자가 성인병에 좋은 건강기능식품을 판다면 판매자 자신도 제품의 필요성을 못 느낄뿐더러 주위 인맥도 다들 20대일 테니 제품 전달에 어려움을 겪을 수밖에 없습니다. 반드시 사업의 주력 연령층을 파악하고 사업을 시작하시기 바랍니다.

chapter 3

보상플랜

네트워크 마케팅 사업을 선택하는 이유는 바로 돈을 벌기 위함입니다. 그것도 노동소득이 아닌 권리소득으로 매월 수백만 원에서 수억 원까지 벌고자 사업을 시작합니다. 이를 이루려면 내가 돈을 벌 방법을 철저히 이해할 필요가 있습니다. 그 돈을 버는 방법이 바로 보상플랜입니다. 이 장에서는 보상플랜의 AtoZ를 살펴보도록 하겠습니다.

질문 26.
보상플랜이란?

　네트워크 마케팅 사업을 통해 돈을 버는 방법이 바로 보상플랜입니다. 보상플랜은 사업자 각자의 사업성과에 대한 수당을 지급하는 규정입니다. 치킨집 하나를 차려도 얼마의 매출이 나야 얼마의 수익을 가져갈 수 있는지 따지는데, 월 1000만 원, 월 1억 원을 버는 네트워크 마케팅 사업을 시작하면서 보상플랜을 면밀히 따져보지 않는다는 것은 말이 되지 않습니다. 그럼에도 불구하고 대한민국의 수많은 네트워크 마케터들이 자신이 사업하는 보상플랜 자체도 설명하지 못합니다. 보상을 모르면 돈을 벌지 못합니다. 네트워크 마케팅 사업으로 성공하려면 보상플랜을 확실히 공부할 필요가 있습니다.

　네트워크 마케팅의 역사가 80년이 된 만큼 보상플랜도 시대의 흐름에 맞춰 변해왔습니다. 소비자 판매 중심의 '브레이크어웨이' 보상 방

식을 기반으로 전 세계에서 10조 원의 매출을 올리고 있는 공룡 기업 A
사, 이후 브레이크어웨이 방식을 더욱더 발전시킨 N사, H사 등이 1세
대 보상플랜을 선도했다면 최근에는 '바이너리' 보상 방식이라는 새로
운 보상기법을 기반으로 만들어진 A사, S사, G사 등이 시장을 선도하
고 있습니다.

질문 27.
브레이크어웨이 vs.
바이너리?

일단 1세대 회사 즉, 해외 A사, H사, N사와 같이 오랜 전통이 있는 회사들의 보상플랜 방식은 브레이크어웨이 방식입니다. 다음과 같이 해바라기 꽃 모양으로 표현할 수 있습니다. 이에 비해 최근에 생긴 회사의 거의 대부분은 바이너리 방식을 쓰고 있습니다. 그림으로 그려보면 마치 피라미드 모양처럼 그려집니다.

브레이크어웨이(Breakaway) 보상플랜은 '분리독립'이라는 사전적 의미에 맞게 산하의 조직 규모가 커지면 독립 그룹을 형성하게 되는 방식입니다. 산하로 독립 그룹이 생겨나면 그 그룹이 만들어내는 매출의 일부를 그룹육성수당이라는 형태로 올려 받을 수 있습니다. 능력 있는 사람은 소득을 무한대로 증식할 수 있는 모델이며, 소비자를 기반으로 사업자를 찾는 마케팅을 펼치기 때문에 한 번 구축하면 쉽게 무너지지 않

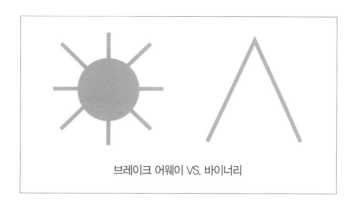

브레이크 어웨이 VS. 바이너리

는 장점이 있습니다. 하지만 매월 마감과 유지가 있어 사업자에게 부담이 크고 수당을 올려 받는 댓수의 한계와 여러 레그를 만들어야 한다는 부담감이 있어 일반 사람들이 성공하기에는 난이도가 있는 보상플랜입니다.

이에 비해 바이너리(Binary)는 두 레그를 만들어가는 사업으로 좌우 매출에 따라 수당이 지급되는 보상플랜입니다. 6레그, 12레그를 키워야 하는 브레이크어웨이 사업에 비해 난이도가 매우 쉽고 팀사업이 가능한 것이 장점인지라 최근 생긴 네트워크 마케팅 회사는 90퍼센트 이상이 바이너리 기법으로 사업을 진행 중입니다. 난이도가 쉽다고 해도 바이너리 사업이 장점만 가진 것은 아닙니다. 다음은 브레이크어웨이 사업과 바이너리 사업의 장단점을 비교해놓은 표입니다.

구분	장점	단점
브레이크 어웨이	능력에 따라 소득 가능성이 무한대로 늘어남	매월 직급 유지 및 마감에 대한 부담감 큼
	1대 무제한 가입 가능함	소비자를 중심으로 사업을 진행하기 때문에 사업 속도가 느림
	대부분 안정적 매출을 내고 있는 글로벌 회사이기 때문에 안정적임	끊임없이 신규를 찾아야 하는 부담이 있음
	판매 능력이 좋은 사람에게 매우 적합	일정 댓수 이상이 되었을 때는 수입으로 잡히지 않음
바이너리	사업 속도가 매우 빠름	스폰서의 역량에 지나치게 의존
	두 명만 잘 추천하면 성공하는 사업	직급을 유지하기가 매우 힘듦
	매출액에 대한 무한수당제	대형 사재기 유도가 많음
	마감이 없고, 무한 누적 무한 이월을 해줌	사업자 중심의 마케팅 의존
	직급누락제도가 없음	상위 리더와의 소통 단절이 많음

수당률 35퍼센트?

질문 7번을 보시면 대한민국 네트워크 마케팅 업체가 합법이 되려면 공제조합에 반드시 가입해야 한다는 규정이 있습니다. 이 공제조합에 가입하려면 정부에서 지정해 놓은 매출 대비 35퍼센트 내에서의 보상 지급이라는 조건을 반드시 지켜야 합니다.

예시) 회사가 100억 원 매출을 올렸다면 사업자 전체에게 지급할 수 있는 보상플랜 총량은 35퍼센트인 35억 원.

보상 지급액이 35퍼센트를 넘어갈 경우, 공제조합에서는 경고 조치를 취합니다. 그럼에도 불구하고 개선되지 않을 경우 정지, 심하면 공제조합에서 제명합니다. 공제조합에서 제명된다는 것은 대한민국에서는 네트워크 마케팅 사업을 하지 못한다는 의미이기 때문에 폐업이나 마찬가지입니다.

이를 방지하려고 회사에서는 35퍼센트 지급률이 넘어가지 못하게 캡(CAP)이라는 것을 씌웁니다. 즉, 이번 주에 받아야 할 주급이 10만 원인데, 35퍼센트 이상이 지급된 경우 모든 사업자가 캡 적용을 받아 실제 받는 주급이 떨어지게 됩니다. 사업자 입장에서는 황당한 일이 벌어지는 것이지요. 캡 조정이 불가피할 경우에 회사는 사전 공지를 하는데 캡 조정 기간에 상당히 많은 사업자들이 사업을 그만둡니다. 이런 불상사를 방지하려면 회사는 35퍼센트가 넘지 않도록 열심히 노력해야 합니다.

다른 나라는 35퍼센트 규정이 없는 곳이 많아 수당 지급률이 자유로운 편입니다. 미국은 보통 40~50퍼센트, 일본도 40퍼센트를 넘어가는 회사가 많습니다. 35퍼센트 규정 때문에 대한민국 국민이 많은 불이익을 보는 것도 사실입니다. 예를 들어 미국에서는 45퍼센트 수당을 제공하는 해외 회사가 한국에 진출한다면 35퍼센트만 지급해야 하기 때문에 미국과 국내의 보상플랜 기준을 다르게 가져갑니다. 이때 문제점은 대한민국 사람이 다른 나라 사람을 가입시켰을 때 받을 수 있는 수당 자체가 차단당하는 경우가 발생한다는 것입니다. 이 이야기는 다음 질문에서 답변 드리도록 하겠습니다.

글로벌 원서버?

네트워크 마케팅 사업은 적게는 수백 개, 많게는 수백만 개의 무점포 프랜차이즈를 개설하고 이들이 만들어주는 수익을 공유받아 권리수익을 창출해가는 사업인데, 국내에만 이 프랜차이즈 개설을 한정하지 말고 미국, 일본, 중국, 대만 등 전 세계에 개설한다면 그 숫자는 기하급수적으로 늘어날 수 있고, 결국 더 많은 소득을 창출할 수 있게 됩니다. 그래서 네트워크 마케팅 회사는 글로벌을 기반으로 사업을 펼쳐갑니다.

문제는 다른 나라에서 만들어진 매출을 내가 소득으로 얻어오려면 글로벌 원서버 보상플랜이 구축되어 있어야 한다는 것입니다. 글로벌 원서버란 전 세계 모든 보상플랜이 동일하고 전산이 동일해서 대한민국에서 일본 사업자를 만들어도 그 매출이 나한테 올라오고 수당으로 연결할 수 있는 시스템을 의미합니다. 네트워크 마케팅 사업을 하는 입장에서 가장 구현하고 싶은, 꿈의 시스템이라고 보시면 됩니다. 그런데 아이러니하게도 대한민국 140개 네트워크 마케팅 회사 중 글로벌 원서버 시스템을 갖춘 회사는 10개 정도밖에 되지 않습니다. 탑10 매출 회사도 글로벌 원서버 시스템이 적용되지 않고 있습니다. 즉, 대한민국 사람이 미국인 사업자를 만들어도 그 수당이 발생하지 않는다는 뜻입니다. 바로 수당률 35퍼센트 이내라는 대한민국의 규정 때문에 벌어진 일입니다.

글로벌 원서버를 적용하려면 보상플랜이 전 세계 모두 동일해야 합니다. 하지만 35퍼센트 규정이 있는 대한민국 표준으로 맞추고자 하면 미국 등 35퍼센트 규정이 없는 나라의 보상도 변경해야 하는데 현실적으로 그게 불가능합니다. 그래서 해외 회사는 대한민국만 제외하고 다른 국가는 원서버 시스템을 적용하고 있습니다. 35퍼센트 규정 때문에 대한민국이 불이익을 받는 것입니다. 현재 법을 개정하려는 청원이 지속적으로 이루어지고 있으나 35퍼센트 규정은 아직 변경되기 어려운 듯합니다.

글로벌을 무대로 네트워크 마케팅 사업을 진행하고 싶다면 글로벌 원서버가 이루어지고 있는 회사인지를 반드시 확인하고 진행하시기 바랍니다. 대한민국에서 글로벌 원서버를 진행하고 있는 회사는 10개 내외입니다.

질문 30.
PV(BV)란?

네트워크 마케팅 회사는 고유의 화폐 단위를 가지고 있습니다. 회사마다 명칭이 다르지만 이를 PV(Point Volume)또는 BV(Bonus Volume)라고 합니다. 사업자가 받는 모든 보상은 이 화폐 단위를 가지고 진행합니다. 보통 PV나 BV는 상품 가격의 50 ~35퍼센트로 잡는 것이 보통이며 글로벌 표준에 맞추고자 1PV = 1000원인 경우가 대부분입니다.

예시) 10만 원 물건 = 50BV(1BV 당 1000원이니 5만 원을 보상 기준 잡음)

예를 들어 누군가를 추천해서 이 BV의 5퍼센트를 추천 보너스로 받는다면 다음 수당을 받게 되는 것입니다.

예시) 10만 원 물건 구매 = 50BV × 5퍼센트 = 2,500원 보상

회사마다 용어와 규정이 다를 수 있으니 확인하시기 바랍니다. 보통 제조회사를 가진 회사는 판매가 대비 BV율이 높습니다. 아울러 마진율이 높은 화장품, 건강기능식품도 평균 BV율이 50퍼센트 수준입니다. 하지만 직접 생산하지 않는 제품이나 치약, 칫솔 같은 생필품은 BV율을 10퍼센트 수준으로 정한 회사들이 많습니다.

BV율이 낮으면 많은 매출을 올려도 수당이 적어지는 현상이 발생합니다. 보통 주력제품의 BV율이 50퍼센트가 되지 않으면 회사 보상에 문제가 있는 것이니 회사 선정 시 참고하시기 바랍니다.

4주 합산이란?

브레이크어웨이 보상플랜은 보통 월마감이라는 개념을 쓰는 반면 바이너리 보상플랜은 주마감을 하는 것이 보통입니다. 4주 합산이라는 개념은 바이너리 회사에서만 쓰이는 개념으로 승급 시 기준으로 활용합니다. 1주차부터 4주차까지의 매출 총합을 가지고 승급 여부를 결정하는데, 월마감과 다른 점은 5주차가 되면 2주차부터 5주차까지의 4주 합산을 바탕으로 직급이 결정된다는 것입니다. 4주 합산을 적용하는 회사는 1년에 총 52번의 승급기회가 부여되는 것이 일반적입니다.

질문 32.
대실적과 소실적이란?

대실적과 소실적은 바이너리 보상플랜의 용어입니다. 바이너리는 두 레그로 내려갑니다. 매출이 큰 쪽을 대실적, 작은 쪽을 소실적이라고 합니다. 보통 바이너리에서는 대실적은 스폰서와 같이 키우는 레그, 소실적은 자신이 키우는 레그라고 알려져 있습니다. 보통 소실적을 기준으로 후원 보너스를 받습니다.

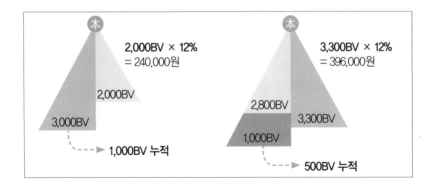

질문 33.
추천인 vs. 후원인이란?

많은 분들이 어려워하는 개념입니다. 추천인은 '나'에게 사업을 전달한 사람을 의미합니다. 즉, 본인을 추천한 사람을 우리는 추천인이라고 합니다. 반면 후원인은 바이너리 후원 배치의 기준이 되는 회원을 의미합니다. 한마디로 자신의 이름 바로 위 레그에 가입되어 있는 사람이 바로 후원인입니다.

두 레그만 만들 수 있는 바이너리 보상플랜에서는 추천인과 후원인이 같을 수도 있고 다를 수도 있습니다. 추천인이 한참 전에 사업을 시작한 경우 이미 이 추천인 아래 수많은 사람들이 이미 가입되어 있기 때문에 추천인과 후원인이 당연히 달라집니다.

보상플랜에서는 추천인에게 제공되는 보너스와 후원인에게 제공되는 보너스가 별개로 존재합니다. 아울러 추천은 수백, 수천 명도 할 수 있습니다. 다음의 보상플랜에서 함께 다루어보도록 하겠습니다.

보상플랜의 종류?

브레이크어웨이, 바이너리 회사의 보상 체계가 많이 다르고, 회사마다 보너스의 종류와 명칭은 차이가 큽니다만 아래의 5가지 보상은 거의 비슷하게 존재합니다. 각 보너스의 세부 내용은 다음 질문에서 답해 보도록 하겠습니다.

1) 추천 보너스

내가 추천한 사람의 매출에 2.5~5퍼센트 보상을 받는 보너스

2) 후원 보너스

소실적 기준으로 10~12퍼센트의 보상을 받는 보너스

3) 매칭 보너스

내가 추천한 사람이 받아가는 후원 보너스에서 일부를 받는 보너스

4) 승급 보너스

산하에서 매출이 일정량 발생했을 때 승급을 하면서 주어지는 보너스

5) 유지 보너스

승급된 직급을 유지하면 받는 보너스

추천 보너스란?

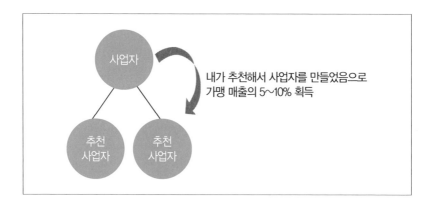

내가 추천해서 사업자를 만들었음으로
가맹 매출의 5~10% 획득

내가 누군가를 직접 추천했을 때 받는 보너스입니다. 방문 판매 보너스와 비슷한 케이스로 내가 직접 만들어낸 소비자, 사업자의 매출에서 일정 부분을 받아가는 보너스라고 이해하시면 가장 편합니다. 보통 직

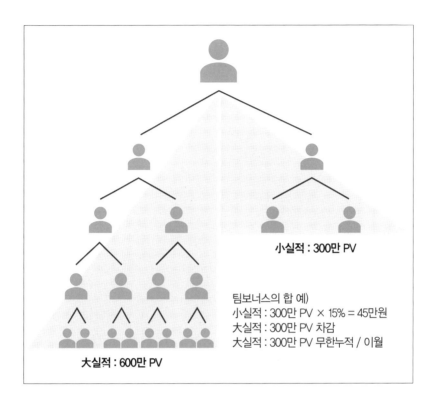

小실적 : 300만 PV

팀보너스의 합 예)
小실적 : 300만 PV × 15% = 45만원
大실적 : 300만 PV 차감
大실적 : 300만 PV 무한누적 / 이월

大실적 : 600만 PV

접 추천한 사업자가 사업을 시작하고 만들어낸 첫 매출포인트의 5~10 퍼센트 정도를 수령하는 것이 보통입니다. 최근에는 첫 매출만이 아니라 추천한 사람이 만들어낸 매출을 영구적으로 받는 추천 보너스 형태도 늘어가고 있습니다.

후원 보너스란? (팀 보너스)

후원 보너스는 네트워크 마케팅 특히, 바이너리 보상플랜에서 가장 큰 부분을 차지하는 보상입니다. 내 산하에서 만들어진 매출이 모두 나에게 공유되는 것, 이것이 바로 후원 보너스를 통해 지급이 됩니다.

보통 바이너리 회사의 경우 대실적과 소실적이 발생하는데, 소실적을 기준으로 매출 포인트의 5퍼센트~15퍼센트까지 받는 것이 대부분입니다. 물론 소실적에서 수당을 받는다면 대실적은 회사가 그 몫을 가져가게 됩니다.

후원 보너스에서 반드시 주의해야 할 것이 3가지입니다.

1) 회사에 따라 1:1 차감인지 2:1 차감인지를 체크하셔야 합니다.
2) 소실적을 받으면 대실적이 프레쉬아웃되는지 무한 누적되는지를

반드시 알아보세요

3) 소실적 보너스를 받기 위한 최소 단위가 얼마인지 알아보세요 아울러 주 상한선의 존재 여부도 파악해야 합니다. 회사별로 주급 상한선을 2000~3000만 원으로 묶고 있습니다. 즉, 아무리 많은 수당이 발생한다고 해도 월 1억 원까지만 후원 보너스를 받아 갈 수 있다는 것을 의미하니 참고하시기 바랍니다.

매칭 보너스란?

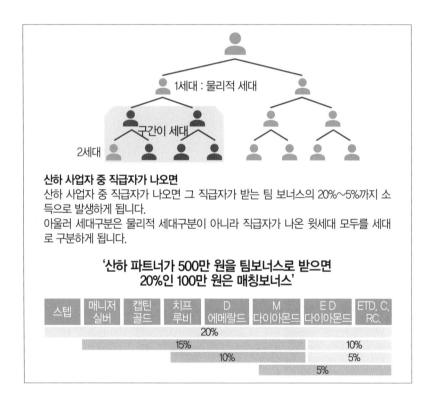

1세대 : 물리적 세대

구간이 세대

2세대

산하 사업자 중 직급자가 나오면
산하 사업자 중 직급자가 나오면 그 직급자가 받는 팀 보너스의 20%~5%까지 소득으로 발생하게 됩니다.
아울러 세대구분은 물리적 세대구분이 아니라 직급자가 나온 윗세대 모두를 세대로 구분하게 됩니다.

**'산하 파트너가 500만 원을 팀보너스로 받으면
20%인 100만 원은 매칭보너스'**

스텝	매니저 실버	캡틴 골드	치프 루비	D 에메랄드	M 다이아몬드	E D 다이아몬드	ETD, C, RC.
20%							
	15%					10%	
		10%				5%	
			5%				

매칭 보너스는 내가 추천한 파트너 사업자가 받아가는 금액 중 일부를 추가로 받는 것으로 후원에 대한 대가라고 보면 됩니다. 매칭 보너스는 회사별로 3~4세대까지 파트너의 후원 보너스에서 5~20퍼센트까지 받는 경우가 대부분입니다. 산하 파트너가 2000만 원의 후원 보너스를 받는다면 20퍼센트인 400만 원을 기존 보너스와 별개로 받게 되는 것을 의미하지요! 후원 보너스는 주 상한선이 있어 보통 2500만 원, 월 1억 원까지밖에 가져가지 못한다면 매칭 보너스는 무한으로 받아갈 수 있습니다.

다만, 매칭 보너스를 가져가려면 일정 직급 이상이 되어야 한다는 함정을 걸어놓은 회사가 있을 수 있으니 세심하게 보시기 바랍니다.

승급 보너스란?

승급 보너스란 직급을 달성했을 때 지급하는 일회성 축하금입니다. 네트워크 마케터 입장에서는 한 번에 목돈을 만질 수 있는 기회가 바로 이 승급 보너스에서 생깁니다. 보통은 4주 합산 산하 총 매출의 합이 일정 수준을 넘기면 승급과 동시에 제공됩니다.

각 회사마다 다이아몬드 이상의 승급자라면 2회 이상으로 분할해서 지급하는 경우가 있는데 4주 동안 유지해야 추가 지급을 한다는 등의 함정이 숨어 있을 수 있으니 반드시 확인하시기 바랍니다.

유지 보너스란?

　유지 보너스가 있는 회사는 많지 않습니다. 4주간 내가 유지한 직급에 대해서 월급 형태로 제공하는 보너스입니다. 직급자는 후원 미팅이 많고 커피, 식사, 교통 비용 등이 많이 들어가기 때문에 이를 회사에서 지원한다고 보면 정확합니다.

직급	승급보너스	유지 보너스
첫 직급(스탭, 브론즈 등)	10만~20만 원	10만 원
두 번째 직급(실버 등)	20만~30만 원	20만 원
세 번째 직급(골드 등)	50만~100만 원	30만 원
네 번째 직급(루비, 플래티늄 등)	100만~200만 원	50~60만 원
다섯 번째 직급(에메랄드, 사파이어 등)	300~500만 원	100만 원
다이아몬드 직급	1000만~2000만 원	100만~300만 원
더블 다이아몬드 직급(블루 등)	2000만~5000만 원	300만 원 이상
트리플 다이아몬드 직급(레드 등)	5000만~1억 원	500만 원 이상
크라운 직급	1억~3억 원	1000만 원 이상
로열 크라운 직급	3억~10억 원	1000만 원 이상

오토십 제도?

각 회사별로 사업자의 권리를 유지하려면 4주에 한 번씩 일정 금액만큼 구매해야 하는 제도가 있습니다. 이를 오토십 제도라고 합니다. 사업을 위한 월세라고 생각하시면 쉽게 이해하실 겁니다. 바이너리 보상플랜을 가지고 있는 대부분의 회사는 보통 매월 10만 원에서 20만 원정도의 금액만큼 구매해야지만 사업자 권한을 유지해주고 있습니다.

오토십을 자동으로 구매할 수 있는 프로그램을 제공하는 것이 대부분입니다. 이 프로그램에 약정을 걸어 놓을 경우, 제품을 보다 저렴하게 구매할 수 있다는 장점도 있으니 참고하시기 바랍니다.

프레쉬아웃(Fresh Out)?

프레쉬아웃은 정말 무서운 보상 함정입니다. 일단 프레쉬아웃이라는 제도가 보상에 있다면 보상 난이도가 엄청나게 올라간다는 것을 의미합니다. 후원 보너스로 소실적의 매출을 인출해갈 경우, 대실적의 차감 분만큼만 사라지는 것이 아니라 대실적에 있는 모든 매출이 한꺼번에 사라지는 것을 의미합니다.

사실 대실적에 쌓여 있는 모든 매출은 사업자의 자산이라고 하겠습니다. 이 자산을 회사 차원에서 날려버린다는 것은 나의 자산을 날리는 행위임으로 회사 선택 시 프레쉬아웃이 있는 회사는 선택하지 않기를 추천 드립니다.

질문 42.
1:1 차감, 2:1 차감?

후원 보너스 인출 시 소실적을 기준으로 대실적이 차감되는 비율을 의미합니다. 예를 들어 내가 100BV를 후원 보너스로 받는데 대실적 차감이 100BV만 된다면 1:1 차감이라고 불리며 200BV를 차감한다면 2:1 차감이라고 부릅니다. 상식적으로도 2:1 차감보다는 1:1 차감이 난이도가 낮습니다. 보상플랜 체크 시 반드시 참고하시기 바랍니다.

회사에 따라 2레그, 3레그, 6레그, 12레그?

네트워크 마케팅 회사는 레그라는 것이 있습니다. 내 산하로 몇 명의 사업자를 라인으로 만드느냐를 따지는 용어인데 두 레그로 만들면 바이너리(Binary), 두 레그 이상으로 만들면 브레이크어웨이(Break away) 또는 유니레벨(Unilevel) 보상플랜 회사로 나눕니다. 회사 보상 규정에 따라 레그 규정이 다릅니다. 전통적 기업인 암웨이, 뉴스킨, 허벌라이프와 같은 회사는 브레이크어웨이 보상방식을 쓰는데 보통 6레그, 12레그를 만들어야 하는 경우가 대부분입니다. 사실 평범한 사람이 12레그까지 키우는 것이 쉽지 않고 시간이 오래 걸리기 때문에 이 문제의 단점을 보완하고자 탄생한 것이 3레그 방식입니다. 유니시티, 르네셀 등이 대표적인 케이스입니다. 12레그 방식보다 훨씬 쉽지만 이 또한 난이도가 있지요! 이후 개발된 방식이 바로 바이너리 2레그 방식입니다. 기존 12레그, 6레그, 3레그보다 당연히 난이도가 낮고, 속도감이 빠른 것이 장점입니다. 최근 10년 안에 생긴 회사들은 모두 바이너리 보상플랜 방식을 쓰고 있다고 생각하시면 됩니다. 애터미, 시크릿다이렉트, 지쿱 등이 이에 해당됩니다.

최근에는 1레그만으로도 보상이 주어지는 방식의 회사들이 생겨났습니다. 당연히 바이너리보다도 쉽고, 1레그만 생겨도 보상이 생기니 이들 회사가 가장 앞선 보상 방식을 가진 것처럼 보이나 사실 1레그 회사는 대한민국에서 생존하기가 거의 불가능합니다. 이유는 바로 35퍼센트 지급 규정 때문입니다. 1레그 보상플랜은 어떤 식으로 플랜을 짜도 35퍼센트를 무조건 넘길 수밖에 없습니다. 결국 초반에 반짝하다가 연말이 가면 캡 조정을 해야 하고 이때 사업자들이 빠져나가고 회사가 폐업하는 것이 수순입니다.

현재까지 개발된 최저 난이도의 보상플랜은 '바이너리'입니다. 우리 회사는 1레그만 해도 보상이 된다라는 말에 혹하지 마시기 바랍니다.

캡 조정이란 무엇인가요?

대한민국에서 합법 네트워크 마케팅 보상플랜 기준은 매출의 35퍼센트까지만 사업자에게 제공할 수 있다는 것입니다. 이 이상을 넘어가면 경고, 정지에 이어 폐업까지 이를 수 있기 때문에 공제조합에 등록된 모든 회사는 본 규정을 준수해야 합니다.

만약 35퍼센트를 초과해서 지급했다면 연말까지 회사 매출 대비 35퍼센트를 반드시 맞춰야 하는데 이를 위해 캡조정이라는 것이 진행됩니다. 즉, 내가 이번 주에 받아야 할 수당이 100만 원인데, 연초에 수당이 과지급되었다면 35만 원만 받는 불행한 사태가 벌어지는 것이지요!

보통 초기에 런칭한 회사는 사업자를 끌어 모으려고 과지급이 예견되는 보상플랜을 내놓고 '우리 회사는 다른 회사보다 많이 지급한다'는 이야기로 사업자를 모집합니다. 연말에 가서는 '공제조합'에서 35퍼센트 조정 권고가 내려왔다며 캡 조정을 할 수밖에 없다는 식으로 사업자에게 공지합니다. 사업자는 어차피 사업을 시작했으니 울며 겨자 먹기 식으로 상황을 받아들일 수밖에 없게 만드는, 전형적인 함정 마케팅입니다. 이때 그동안 쌓아온 많은 사업자들이 떠나게 됩니다. 초기부터 보상플랜을 정확히 보고 사업에 참여하시기를 추천 드립니다.

질문 45.
먼저 사업을 시작한 사람만 돈 버는 것 아닌가요?

많은 분들께서 '네트워크 마케팅 사업은 처음 사업을 시작한 사람만 돈 번다!'라고 알고 계십니다. 그도 그럴 것이 네트워크 마케팅 사업의 레그 구조가 피라미드 형태이기 때문에 아래에서 번 돈을 위에 있는 사람들이 다 가져간다는 오해를 불러일으킬 수 있지요! 정확히 말씀 드리자면 제일 처음 시작한 사람이 돈을 많이 벌 수 있는 가능성이 높지만 마지막에 사업을 시작한 사람보다 돈을 못 벌 수도 있습니다. 왜 그럴까요?

바이너리 보상플랜에서 가장 많은 보상이 주어지는 부분이 바로 '후원 보너스'입니다. 즉, 산하에서 만들어진 모든 매출 중 소실적을 기준으로 10~15퍼센트를 받는 보너스입니다. 그런데 이 후원 보너스는 A라인과 B라인이 매칭이 되었을 때 지급되는 보너스입니다. 즉, 제일 처음 시작한 사람은 A라인에 수많은 사람들이 있기 때문에 유리한 듯 보이지만 자신이 B라인을 만들지 않는다면 '후원 보너스'는 제로입니다. 하지만 나중에 사업을 시작한 사람이 A라인과 B라인을 함께 만들어 매칭을 받는다면 제일 처음 시작한 사람보다 돈을 더 많이 받을 수 있겠지요! 늦게 사업을 시작한 사람이 먼저 사업을 시작한 사람보다 더 높은 직급에 올라가는 경우가 발생하는 이유입니다.

네트워크 마케팅 사업은 초기에 시작하는 쪽이 유리한 것은 맞습니다. 특히 바이너리 보상플랜에서는 순번이 중요하지요! 하지만 사업을 시작한 지 몇 십 년 된 회사, 사업자가 100만 명 이상 쌓여 있는 회사가 아니라면 지금 시작하셔도 무방합니다. 5년 전 시작한 사업자보다 지금 시작한 사업자가 보상을 더 많이 받을 수 있는 보상플랜이 갖추어져 있으니 말입니다.

보상에 있는 함정?

네트워크 마케터들이 가장 취약한 부분이 바로 보상플랜에 대한 이해도입니다. 보상플랜을 설명할 수 없을 뿐만 아니라, 보상플랜에 있는 함정을 이해하지 못하고 사업하시는 분들이 전체 사업자 중 80퍼센트 이상의 비율이라면 믿으실 수 있겠습니까?

그래서 이러한 패턴을 악용해서 다양한 형식으로 함정을 걸어놓는 회사가 많습니다. 그리고 이러한 함정을 5포인트 폰트로 보상 제일 하단부에 표기해놓고 공지했다고 이야기합니다. 현명한 네트워크 마케터라면 이 부분을 제대로 파악하고 나서 사업을 시작해야 합니다. 보상의 대표적인 함정을 소개합니다. 회사를 검토할 때 꼭 파악하시기 바랍니다.

1) 추천 보너스 조건이 까다롭고, 기한을 둔다

200만 원 정도 되는 사업자 팩을 구매해야만 추천 보너스를 받을 수 있다는 조건을 걸어두거나 본인이 가입한 후 4주 안에 추천한 사람의 실적만 추천 보너스에 적용하는 경우가 있습니다. 추천자가 재구매해도 추천 보너스가 올라오지 않게 만든 케이스로 대표적인 함정에 속합니다.

2) 후원 보너스를 받을 수 있는 소실적 매출이 최소 100만 원이다

후원 보너스는 대실적과 소실적이 1:1로 비율이 맞으면 소실적 기준으로 10~15퍼센트를 받아갈 수 있다고 공지합니다. 하지만 실제로는 소실적 매출이 100만 원에 미치지 못하면 받아갈 수 없도록 함정을 걸어 놓은 회사가 상당수입니다. 심지어는 소실적 매출이 200만 원이 되어야만 후원 보너스를 받아갈 수 있는 회사도 더러 있습니다. 네트워크 마케팅을 시작하고 바로 소실적 매출 100만 원을 만들 수 있는 사람이 많지 않다는 것을 악용해서 만든 보상플랜 함정입니다. 반드시 파악하시기 바랍니다.

3) 후원 보너스에 프레쉬아웃(Fresh Out)이 있다

후원 보너스는 대실적과 소실적이 1:1로 매칭되었을 때 소실적 기준으로 10~15퍼센트를 보너스를 받고 대실적도 그만큼 차감하는 보너스 정책입니다. 그리고 차감 후 남아 있는 대실적은 무한 누적, 무한 이월을 해주는 것이 보통입니다. 그런데 소실적을 받아갈 경우, 대실적을 남겨 두지 않고 프레쉬아웃, 즉 없애버리는 함정이 있는 회사가 있습니다. 자신이 만들어 놓은 실적을 한 방에 날려버리는 프레쉬아웃 정책은 대표적인 함정 보너스 중 하나입니다.

4) 매칭 보너스를 받으려면 직급을 유지하고 있어야 한다

매칭보너스는 내가 추천한 사람이 수당을 받으면 그중 일정 부분을 회사로부터 보상받는 일종의 양성 수당입니다. 회사마다 다르지만 30퍼센트에서 5퍼센트까지 4대 또는 5대에 걸쳐서 주는 것이 보통입니다. 이 매칭보너스의 최대 함정은 사업자 패키지 구매 후 일정 직급 이상 되어야만 매칭보너스를 받을 수 있다고 걸어놓는 것입니다. 즉, 첫 번째 직급을 유지하고 있어야지만 매칭보너스를 준다고 함정을 걸어놓으면 실질적으로 매칭보너스를 받아가는 사람은 전체 사업자 중 1퍼센트 수준도 되지 않습니다.

5) 승급 시 추천 2대에 2직급 아래의 직급자가 나와야 한다

말이 좀 어렵지만 개념은 간단합니다. 내가 다이아몬드 직급을 가고자 한다면 산하의 매출이 기준에 맞춰져야 하고 거기에다 내가 추천한 사람 중 2직급 아래 사업자인 루비 사업자가 나와줘야 한다는 뜻입니다. 매출은 맞추기 쉽지만 사실 추천 계보 내에서 두 직급 아래 직급이 나오는 것은 매우 힘듭니다. 특히나 승급 주차에 두 직급 아래가 나오는 것은 더욱 어려운 일이지요. 두 직급 아래를 맞추기 위한 사재기를 유도하는 대표적인 보상 함정 중 하나입니다.

이런 함정이 보상제도에 포함되어 있다면 사업자 입장에서는 돈 벌기가 매우 까다롭게 됩니다. 회사 선정 시 보상플랜을 꼼꼼히 파악해야 하는 이유입니다.

chapter 4

사업 시작 방법

이제 본격적으로 사업을 시작해보도록 하겠습니다. 많은 사업자가 사업 결정까지는 비교적 쉽게 하는데 사업 시작 후 헤매기 시작합니다. 이를 방지하고자 본 장에서는 사업 시작 방법에 대한 AtoZ를 다루겠습니다.

네트워크 마케팅 성공 방법?

가장 포괄적이고 어려운 질문입니다. 하지만 명확한 공식이 있습니다. 이 공식에 대해서 이야기해 드릴게요. 대한민국 네트워크 마케터 중 95퍼센트는 사업 도중 그만두거나 사업에 실패합니다. 엄청난 수치지요. 이 95퍼센트에 들지 않으려면 실패하는 방법이 아닌 성공하는 방법을 선택해야 합니다.

네트워크 마케팅 사업은 '3+1'의 법칙이 구현되어야 성공할 수 있습니다. 여기서 3이란 회사, 시스템, 스폰서를 뜻합니다. 이 3가지 중 하나라도 빠진다면 사업 성공 확률은 크게 떨어집니다. 각 요소가 어느 정도 기반이 있는 상태에서 다음으로 필요한 것이 '+1', 본인의 열정입니다.

많은 분들이 범하는 오류 중 하나가 바로 본인의 열정만 있으면 사업에 성공할 수 있다고 생각하고 기본적인 '3'을 무시한 채 사업을 시작하는 것입니다. 예를 들어 스폰서가 사업을 잘하지 못하면 스폰서를 무시하고 본인의 스타일을 만들어서 사업을 하겠다든지, 회사의 시스템이 없으면 시스템을 내가 만들어서 사업하면 된다든지 하는 식입니다.

일단 결론부터 말씀 드리면 이건 100퍼센트 실패합니다. 다시 한 번 말씀 드리지만 100퍼센트 실패하는 게임입니다. 예외는 없습니다. 네트워크 마케팅 사업은 본인의 열정과 능력만 가지고 할 수 없습니다. 회사와 시스템 그리고 스폰서라는 뿌리를 근간으로 사업을 복제해나가는 사업인 만큼 처음에 사업을 선택할 때 신중하게 베이직 '3'을 반드시 체크하고 또 체크하시기 바랍니다.

스폰서란?

스폰서는 나를 이 사업에 입문할 수 있도록 사업을 전달한 사람을 의미합니다. 재미있는 것은 스폰서에게도 스폰서가 있고 또 그 위에도 스폰서가 있을 수밖에 없는 네트워크 마케팅 사업의 구조입니다. 결국 사업을 시작하면 상당히 많은 스폰서가 자연스럽게 만들어집니다. 나를 기준으로 내 라인 위에 위치한 사람들, 즉 나보다 사업을 먼저 시작한 사람을 스폰서라고 부르는 것이 업계 통념입니다. 호칭도 스폰서로 통일해서 불러줍니다. 스폰서는 사업에 익숙하고 돈도 더 많이 벌고 있기 때문에 처음 사업을 시작한 사업자의 성공을 도와주는 역할을 합니다.

상위 라인의 사업자에게 사장님이라고 부르는 것은 업계 예의를 벗어나는 일입니다. 스폰서를 스폰서라고 부르지 않고 사장님이라고 부르면 '나를 아직 상위 사업자로 인지하고 있지 않구나'라는 불쾌감을 줄 수 있습니다. 네트워크 마케팅 사업은 상하관계가 없는 평등한 사업이지만, 파트너 사업자는 스폰서로부터 많은 도움을 받아야만 성장할 수 있고, 향후 본인도 수많은 파트너의 스폰서가 될 것이기 때문에 서로 존중하는 문화를 만들어가는 의미에서 자발적인 상하존중 문화인 LOS(Line of Sponsorship)를 체화하는 것이 매우 중요합니다. 처음에는 익숙지 않겠지만 반드시 습관이 될 수 있도록 반복해주시기 바랍니다.

파트너란?

나를 기준으로 나보다 사업을 늦게 시작한 사람을 파트너라고 부릅니다. 보통 산하 파트너라는 개념을 쓰는데, 내가 리쿠르팅해서 내 산하에 들어온 사람도 파트너, 그 파트너가 만들어 온 사람들도 다 내 파트입니다. 보통 명칭은 '사장님' 또는 '파트너 사장님'으로 통일하는 것이 보통입니다.

최근에는 사회에서의 호칭을 불러주는 경우도 많아지고 있습니다. 교수님, 대표님, 지사장님 등등의 호칭을 예우 차원에서 불러주는 회사도 늘어가고 있으니 회사의 규정에 맞춰 판단하시면 됩니다.

어떤 스폰서랑 일해야 하나?

네트워크 마케팅 사업에서 성공하려면 성공의 길로 이끌어줄 스폰서가 있어야 합니다. 네트워크 마케팅 사업의 속성 자체가 사람을 기반으로 한 인적 유통사업이기 때문입니다. 사업이 좋고, 시스템이 아무리 좋아도 스폰서의 역량이 좋지 못하거나 리더십이 없을 경우, 사업자들이 고생만 하다가 사업을 포기하는 케이스가 비일비재하게 발생합니다. 그래서 회사를 선택했다면 반드시 스폰서도 본인이 결정해야 합니다.

왕초보 네트워크 마케터는 대부분 자신의 지인을 통해 사업을 전달받습니다. 사업이 괜찮다고 판단하면 결국 지인과 함께 스폰서와 파트너 관계로 사업을 전개해나갑니다. 이럴 경우, 지인이 중간에 그만두거나 사업 전개를 제대로 해나가지 못하면 자신의 사업도 위태해지는 결과를 맞이하게 됩니다.

반드시 스폰서는 본인이 결정하셔야 합니다. 지인을 믿고 지인을 스폰서로 삼아 사업하는 것이 아닌 지인의 스폰서 중 자신을 도와줄 수 있는 스폰서 라인이 누가 있는지 명확히 판단하고 사업에 뛰어드셔야 합니다. 스폰서 라인이 약하거나 자신의 사업을 도와줄 스폰서 라인이 확고하지 않다면 결정을 보류하시거나 다른 라인을 알아보는 용기도 필요합니다. 사업을 소개한 지인에게는 미안한 일이지만 항상 명심해야 할 것은 지인은 나를 책임져주지 않는다는 사실입니다. 이 사업은 철저히 내가 결정하고 내가 성공하는 사업임을 잊지 말아주세요!

질문 51.
추천인과 후원인
결정 방법은?

일반 회사는 본인의 정보만 입력하면 쉽게 가입 진행이 가능하지만 네트워크 마케팅 사업은 누군가의 추천이 있어야지만 가입할 수 있습니다. 즉, 내가 사업을 하겠다 하더라도 바로 가입할 수 없는 것이지요. 추천인과 후원인이 결정된 후 이들의 아이디를 등록해야 사업을 진행할 수 있는 독특한 시스템이 있는 사업입니다.

회사의 어플이 별도로 있다면 어플 설치 후 자신을 초대한 스폰서의 아이디를 입력합니다. 후원인 자리에 스폰서가 지정해주는 후원인 아이디를 넣으시면 가입이 모두 완료됩니다.

한 번 입력하면 평생 동안 후원인과 추천인은 변경할 수 없습니다. 물론 가입 후 3일, 많게는 일주일 내에 변경이 가능한 회사도 있지만 사업의 성공 여부가 추천인, 후원인에서 결정되는 만큼 신중히 결정하시

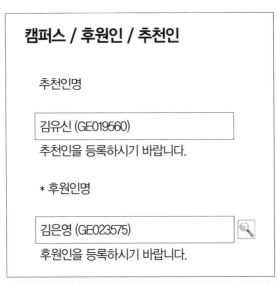

캠퍼스 / 후원인 / 추천인

추천인명

김유신 (GE019560)

추천인을 등록하시기 바랍니다.

* 후원인명

김은영 (GE023575)

후원인을 등록하시기 바랍니다.

사업자 가입시 추천인.후원인 입력 예시

기 바랍니다.

비즈니스 시작 방법?

많은 초보 사업자가 사업 결정까지는 비교적 쉽게 하는데 사업 결정 이후 어떻게 해야 하는지부터 우왕좌왕합니다. 특히 회사에 아직 교육 시스템이 명확히 없는 경우, 제대로 시스템 교육을 받지 못한 사람이 스폰서일 경우, 이런 일들이 발생합니다. 일단 사업을 시작하면 다음 표에 맞춰 사업을 진행하시기 바랍니다. 표의 순서대로만 진행하시면 사업을 쉽게 시작하실 수 있을 겁니다.

(단, 각 회사별로 시스템 적용 순서나 품목이 다를 수 있으니 응용 바랍니다.)

STEP		시스템 목록	날짜	결과(V)
등록일	STEP1	등록 및 주문		
		회사 어플 다운로드		
		아이디, 비밀번호 및 어플 사용법 안내		
		밴드 및 카카오톡 방 참여		
48시간 이내	STEP2	사업도구 안내하기(명함, 플래너, 카달로그 등)		
		사업 동영상 시청하기(유튜브)		
시스템활용 (교육단계)	STEP3	본사 활용		
		사업설명회 주2회 참여		
		제품강의 주2회 참여		
플래너소개	STEP4	플래너 전달 및 조립		
		플래너 소개 및 그룹 시스템 프로모션		
그룹 내 시스템 안내	STEP5	각종 아카데미 소개 및 일정안내		
		스폰서 미팅, 라인미팅 안내		
		1박2일, 컨벤션, 원데이 세미나 안내		
회원자격체크	STEP6	사업자 자격 취득		
		오토십 등록 체크		
시스템 참여	STEP7	1박2일 참여		
		컨벤션 참여		
		원데이 세미나참여		
		스폰서 미팅 참여		
		라인미팅 참여		
		꿈리스트 및 꿈 시각화 작성		
		목표 설정 및 명단 작성		
		매일매일 실천 리스트 10 실천		
멘토 시스템 참여	STEP 8	회사의 각종 제품 아카데미 참여		
		강사 트레이닝 참여		
사업자 활동 START	STEP 9	초대 및 컨택 시작		
		첫 직급 도전		
성공 사업자 활동	STEP 10	첫 직급 달성		

질문 53.
사업도구란 무엇인가요?

사업자라면 본격적으로 사업을 전달하는 데 필요한 도구가 있습니다. 네트워크 마케팅 사업에서 기본적인 도구는 명함, 시스템 다이어리, 카달로그, 사업소개책자 등입니다. 아주 기본이지만 상당수 네트워크 마케터가 이 사업도구조차 구비하지 않고 사업을 실행하고 있습니다. 이런 분의 사업 성공 확률은 극히 떨어집니다.

사업도구는 회사에서 마련해 놓은 자료실 또는 상위 스폰서를 통해 쉽게 구할 수 있습니다. 사업이 익숙지 않은 초기에는 사업도구 의존도가 더욱 높으니 빠른 시간 내에 확보하시기 바랍니다. 경제적으로 여유가 된다면 노트북 컴퓨터 하나 구매하시면 금상첨화입니다. 사업 특성상 PPT의 활용도가 매우 높습니다. 자신만의 사업도구를 만들거나, 프리젠테이션을 진행할 때도 노트북은 필요합니다. 사업소개책자를 보여

주는 방식보다 노트북을 사용하는 편이 훨씬 전문적으로 보입니다.

한 가지 팁을 드리자면 회사나 그룹에서 만들어 놓은 시스템 다이어리를 잘 활용하는 게 사업 초기에 큰 도움이 됩니다. 사업 가입 방법부터 명단 작성, 사업 전개 방법이 잘 정리돼 있기 때문입니다. 노트북을 제외한 기본적인 도구는 사업 시작 일주일 안에 반드시 갖추시기 바랍니다.

질문 54.
그룹 카카오톡이
중요한 이유는?

네트워크 마케팅 사업에서 실패하는 요인 중 하나가 바로 '소속감 부족'입니다. 네트워크 마케팅의 특성상, 즉 무점포 사업이기 때문에 사업장이 없습니다. 방문 판매 회사처럼 매일 출근해야 하는 것이 아니기 때문에 웬만한 사람은 충분히 해이해질 수 있는 환경입니다. 그래서 그룹별로 카카오톡 단체방을 개설하고 이를 가상 오피스로 활용함으로써 소속감을 증진시킵니다.

보통 그룹원의 정보는 물론, 출퇴근까지 그룹 카카오톡에서 모든 것을 공유하고 있습니다. 한 카톡방에 적게는 수십 명에서 많게는 수백 명이 활동하며 회사의 각종 정보, 구성원의 활동 사진, 신규 회원의 유입 등 소식을 공유합니다.

재미있는 사실은 그룹 카카오톡에서 열심히 활동하는 사람이 현실

세계에서도 사업에 성공하고 있다는 것입니다. 매일 아침 인사하며 출근을 알리고 미팅 사진, 시스템 참여 사진 등을 공유하고 하루 동안의 성과를 마무리하며 카톡방에 글을 올리는 열정적인 패턴을 보여주는 사람이 성공하는 것은 당연합니다.

그룹 카카오톡은 초기 사업자에게 어떻게 사업하면 성공하는지를 알려주는 길라잡이도 돼준다는 장점이 있습니다. 전국에서 활동하는 모든 사업자 현황과 활약상을 볼 수 있고 꾸준히 보다 보면 사업은 어떻게 돌아가는지, 성공하는 다른 사업자는 어떻게 사업하는지까지 상세하게 배울 수 있는 자료가 되기에 초기 사업자는 그룹 카카오톡 활동에 반드시 집중해야 합니다.

아울러 밴드나 카페 등을 사용해서 활동하는 그룹도 있습니다. 카카오톡은 실시간으로 공유된다는 장점은 있으나 기존에 이야기 나눈 내용을 신규 사업자가 볼 수 없기 때문에 업로드하면 기록이 계속해서 남아 있는 밴드나 카페를 사용하는 것입니다.

그룹 카카오톡과 밴드, 카페 등에서 열심히 활동해보세요! 네트워크 마케팅 사업에서 성공하는 중요한 첫걸음입니다.

꿈을 설정해야지
성공한다는데 이유는?

네트워크 마케팅 사업은 꿈을 먹고 사는 사업입니다. 그래서 드림 비즈니스라고도 하지요! 이유는 간단합니다. 갖고 싶은 것, 가고 싶은 곳, 만나고 싶은 사람 등 꿈들을 이루려면 돈이 필요하기 때문입니다. 평범한 사람이 월 1000만 원, 1억 원도 벌 수 있는 사업이 네트워크 마케팅 사업인지라 바로 이 꿈들을 이루는 최고의 도구가 되는 셈이지요!

'내가 네트워크 마케팅 사업을 해야 하는 이유, 이를 'WHY'라고 합니다. 우리가 인정해야 할 것은 네트워크 마케팅 사업은 대한민국에서 가장 천대받는 직업이라는 겁니다. 그래서 거절에 대비해 멘탈을 강하게 부여잡고 사업에 임해야 하는데 그 멘탈의 핵심이 바로 'WHY'입니다. 그래서 WHY가 강력할수록 네트워크 마케팅 사업에서 성공할 가능성이 매우 커집니다. 이 WHY는 바로 꿈이라는 소재에서 탄생합니다. 그래서 사업을 시작하기 전에 자신이 이루고자 하는 꿈 리스트를 적고 이 꿈을 시각화하는 작업을 반드시 해야 합니다.

꿈 리스트는 크게 4가지로 구분해서 작성하면 됩니다.

1. 되고 싶은 것
2. 하고 싶은 것
3. 갖고 싶은 것
4. 가고 싶은 곳

멋진 종이를 하나 마련하시고 여기에 시간이 날 때마다, 꿈이 떠오를 때마다 하나씩 작성해 보십시오. 꿈 리스트를 작성하다 보면 '그동안 꿈이 없이 살아왔구나'를 느끼게 됩니다. 처음에는 10개 쓰는 것도 쉽지 않지만 익숙해지면 꿈 리스트는 빠르게 채워질 겁니다. 그리고 이 리스트가 채워질 때마다 느끼는 쾌감, 그리고 그 꿈리스트가 실현되었을 때 느끼게 될 행복감이 점차 자신을 차오르게 만듭니다. 이를 이룰 수만 있다면 어떤 거절도 두렵지 않게 될 때, 그때가 바로 네트워크 마케팅 사업에서 성공하는 시점입니다.

꿈 리스트도 강력하지만 이를 시각화해 놓는다면 그 실현 가능성은 몇 배 더 증가합니다. 꿈 리스트에 적힌 내용을 상징하는 사진을 인터넷에서 찾고 수첩, 플래너에 붙여 놓습니다. 그리고 거절을 당해 힘이 빠지거나 부정적인 생각이 들 때마다 꺼내 보시면 강력한 동기부여 도구가 될 것입니다.

목표설정은?

목표가 없으면 네트워크 마케팅 사업은 고급 취미 생활에 지나지 않습니다. 실패하는 네트워크 마케터가 저지르는 실수 중 하나가 소득 목표를 막연하게 잡는 것입니다. 다들 월 1000만 원을 우습게 벌 수 있다고 막연하게 꿈을 꿉니다. 하지만 살면서 월급으로 1000만 원을 받아본 적 없는 사람이 네트워크 마케팅 사업을 시작했다는 이유만으로 월 1000만 원 소득자가 될 수는 없습니다. 실패하는 네트워크 마케터의 상당수는 이들의 성공한 겉모습을 보고 막연히 사업을 시작했다가 월 100만 원도 안 되는 수입 때문에 그만둡니다. 이런 실수를 하면 안 되겠지요? 목표는 아주 구체적으로 달성 시기와 함께 적어야 합니다.

〈OOO의 소득 목표〉

1차 목표: 100만 원 / 사업 시작 후 2개월 이내 달성

2차 목표: 200만 원 / 사업 시작 후 4개월 이내 달성

3차 목표: 500만 원 / 사업 시작 후 9개월 이내 달성

최종 목표: 1000만 원 / 사업 시작 후 1년 이내 달성

소득 목표를 달성하는 데 필요한 매출이 얼마인지도 파악해야 합니다. 이를 위해 내가 돈을 버는 방식, 즉 회사의 보상플랜을 확실히 이해할 필요가 있습니다. 보상플랜을 확실하게 이해하고 사업을 해야 하는 이유가 여기에 있습니다.

목표달성을 위한
계획 짜는 법은?

목표달성을 위한 계획은 구체적이고 명확하게 짜야 합니다. 이번 달은 첫 직급을 꼭 달성하겠다든지, 첫 직급까지 가려면 얼마 정도의 PV 부족한데, 이 부족한 PV는 내 명단 안에서 누구를 만나든가, 또는 어느 스폰서님으로부터 후원을 받아 어떻게 채울지 등 구체적인 계획이 필요합니다.

꿈은 이상적일 수 있고 지금 상황에서는 비현실적일 수 있지만 꿈을 현실로 만드는 과정은 철저하게 현실적이어야 합니다. 특히 측정 가능해야 합니다. 그래야 실시간으로 지금 얼마만큼이 부족하고 그 목표를 달성하려면 어떻게 해야 되는지 방법을 모색할 수 있기 때문입니다. 아울러 목표와 이를 이루기 위한 계획이 설정되었다면 반드시 스폰서와 상담해서 동의를 얻어야 합니다. 네트워크 마케팅 사업은 목표를 이루는 과정에 스폰서의 힘이 절대적으로 중요하게 작용하기 때문입니다.

마지막으로 타임 테이블. 즉 달성 시기를 정하는 것입니다. 주간 목표, 월간 목표, 그 다음에 분기별 목표, 반기별 목표, 연간 목표 등 모두 다 세워 놓는 것이 좋습니다. 그리고 그 주간 목표를 향해서 뛰고 월간 목표를 향해서 뛰는 겁니다. 골인 지점을 향해서 전력 질주해 나가는 중에 분기별, 반기별, 연간 목표는 약간 수정 보완할 수 있습니다. 계획은 구체적일수록 목표를 이룰 가능성이 커짐을 잊지 마시기 바랍니다.

질문 58.

제품을 애용해야
성공한다는데 이유는?

제품 애용을 이야기하는 이유는 두 가지가 있습니다. 우선 네트워크 마케팅 사업은 '체험', '진실', '확신', '감동', '열정'을 전달하는 사업이기 때문입니다. 제품에 대한 사랑이 없다면 사업 자체가 불가능하므로 집에 있는 모든 제품을 우선적으로 빠르게 바꿔 애용해 봐야 합니다.

또 다른 이유는 같은 상품을 다루고 있는 점포 두 개가 있다면 인테리어가 잘되어 있는 집으로 발걸음이 가게 마련인 이치와 같습니다. 네트워크 마케팅 사업은 자신이 점포가 되는 사업이기 때문에 화장품 사업을 하고 있다면 내 피부가 빛날수록, 다이어트 제품을 다루는 회사라면 내가 날씬할수록 손님이 더 많이 들어오게 마련입니다. 이를 위해서 사업 시작 후 바로 해야 할 일이 바로 제품을 애용해서 자신을 인테리어하는 것입니다. 시중 판매 제품의 원료가 판매가 대비 1~5퍼센트 미만인 데 비해 네트워크 마케팅 회사의 제품은 5~35퍼센트까지 원료를 집어넣기 때문에 네트워크 마케팅 회사의 제품은 시중 제품보다 월등히 좋습니다. 그만큼 효과는 빠르게 나타날 수밖에 없습니다.

　누군가를 찾아가서 리쿠르팅하는 것이 아니라 자연스럽게 나에게 사업을 문의하는 인바운드 리쿠르팅이 되려면 필수적으로 제품을 애용해야 합니다. 사업을 시작했다면 사업 시작 직후 도착한 초도 물품을 바로 개봉하고 정량의 최대치 또는 그 이상을 사용해보고 자신의 변화를 이끌어내 보세요.

계획표 작성 방법은?

계획표는 목표로 가기 위한 하나의 전술표입니다. 보통 월간 계획표, 주간 계획표, 일일 계획표를 작성합니다. 이번 달 강의 일정표가 나오면 계획표에 1순위로 원칙미팅부터 체크하고 요일별로 날짜별로 시간별로 1박 2일 체크, 스폰서미팅 체크, 라인미팅을 체크합니다. 그 다음에 나에게 영양분을 줄 수 있는 강의, 내가 꼭 들어야 될 강의를 체크합니다. 그리고 초대 일정도 작성해 어떤 스폰서님의 후원을 받아 그분에게 정보를 줄 것인가 체크합니다.

고객을 초대하기 전에 회사 강사의 성향을 파악하고 있으면 많은 도움이 됩니다. 남녀 구분, 나이, 전직, 강의 스타일, 이런 것들을 전부 파악한 후 궁합에 맞춰 고객을 초대합니다. 내가 진짜 좋아하는 강사가 있다면, 혹은 희한하게 내 인맥을 이 강사에게만 초대하면 거의 백발백

이름 :　　　　　　　　　날짜 : 20　년　월

이달의 책																
이번 달 목표		• 직급 • 회원 추천(명)														
점검항목	일자	1	2	3	4	5	6	7	8	9	10	11	12	13	14	15
	요일															
100% 애용하기																
매일 소비자회원 만들기																
사업설명하기(매월 부업자 10회, 전업자 10회 이상)																
100% 원칙미팅 참석하기 (라인미팅, 스폰서미팅, 비전 페스티벌)																
매일 강의 듣기																
매일 책 읽기																
매일 SNS 참여하기																
매일 신뢰 쌓기																
매일 명단 추가하기																
매일 운동하기																

"100일의 행동이 습관이 되고 제2이 천성이 되고 나아가 인생이 바뀝니다."

* 항목 중 실천한 사항이 있으면 해당 날짜에 체크하십시오.

중이다 싶은 강사가 있다면 그 사람의 동선을 완벽하게 파악해야 합니다. 그래서 그 강사 분의 동선에 맞게끔 초대 일자를 정해야 합니다.

이렇듯 계획표가 세부적이면 세부적일수록 리쿠르팅이 성공할 확률은 빠르게 올라가고 결국 사업의 성공도 앞당길 수 있습니다.

점검항목	일자	16	17	18	19	20	21	22	23	24	25	26	27	28	29	30	31
이달의 책																	
이번 달 목표		• 직급 • 회원 추천(명)															
	요일																
100% 애용하기																	
매일 소비자회원 만들기																	
사업설명하기(매월 부업자 10회, 전업자 10회 이상)																	
100% 원칙미팅 참석하기 (라인미팅, 스폰서미팅, 비전 페스티벌)																	
매일 강의 듣기																	
매일 책 읽기																	
매일 SNS 참여하기																	
매일 신뢰 쌓기																	
매일 명단 추가하기																	
매일 운동하기																	

비주얼이 중요한 이유는?

　네트워크 마케팅 사업은 비주얼 사업이라 할 만큼 외적 요소, 즉 외모가 굉장히 중요합니다. 많은 네트워크 마케터가 명품으로 치장하고 좋은 차를 몰고 다니는 이유도 여기에 있습니다.

　단순하게 생각하시면 됩니다. 월 1000만 원, 1억 원을 벌 수 있는 사업이라며 권하는 사람이 지저분한 옷차림에 담배 냄새를 풀풀 풍기고 있다면 그 사람의 이야기가 믿어질까요? 화장품 사업을 같이하자는 사람의 피부가 엉망이라면 같이 사업하고 싶을까요? 다이어트 사업을 같이하자는 사람이 뚱뚱하다면 같이 사업하고 싶을까요? 네트워크 마케팅 사업은 기본적으로 자신이 점포가 되는 사업입니다. 인테리어가 좋은 점포에 사람들이 그만큼 끌려 들어갑니다. 그와 반대로 허름한 점포에는 사람들이 들어가고 싶어하지 않겠지요!

네트워크 마케팅 사업은 꿈을 성취하는 비즈니스라고도 불립니다. 평범한 사람이 월 1000만 원, 1억 원도 벌 수 있는 몇 안 되는 사업이다 보니 이렇게 불리는 것이지요! 게다가 네트워크 마케팅 사업은 대부분 뷰티와 건강기능식품군을 취급하니 자기 자신이 예뻐지고 업그레이드 되는 것이 우선입니다. 그래서 성공하는 네트워크 마케터들은 외적 요소에 많은 투자를 합니다.

그렇다고 명품으로 치장하고 고급 외제차를 타는 등 과소비를 하자는 소리는 아닙니다. 자신이 가진 옷 중 가장 깔끔한 옷, 자신에게 가장 잘 어울리는 헤어스타일, 피부와 몸매 관리 등 자신의 점포가 프로 네트워크 마케터에 어울리게끔 열심히 가꾸라는 말입니다. 명품, 외제 차 등 지나치게 외적 요소에 투자하다가는 오히려 가정경제를 파탄으로 이르게 하니 주의하시기 바랍니다.

항상 웃어야 한다는데 이유는?

네트워크 마케팅 사업은 이미지 사업이기도 합니다. 즉, 많은 사람들이 나와 같이 일하고 싶게 만드는 것이 매우 중요한 사업이라는 뜻입니다. 기왕이면 멋지고, 사업도 잘하는 사람과 함께하고 싶겠지요! 그래서 '질문 58번'에서 사업을 시작하면 반드시 제품을 애용해서 예뻐지고 날씬해지라고 팁을 드렸습니다.

외적 변화와 더불어 정말 중요한 것이 바로 항상 밝고 긍정적인 리더십을 가져야 한다는 것입니다. 네트워크 마케팅 사업을 하다 보면 감정의 기복이 심해질 수밖에 없습니다. 다단계라는 편견이 존재하는 상황에서 거절과 맞서 싸워야 하는 사업인지라 혹자는 '네트워크 마케팅 사업 = 멘탈 사업'이라고 합니다. 사람의 감정은 얼굴에 그대로 묻어납니다. 결국, 거절당하고 본인이 힘들다고 판단하면 얼굴이 일그러지지요! 지금 거울을 한번 보시기 바랍니다. 여러분의 얼굴은 어떤 표정인지요? 만약 여러분이 웃고 행복하게 보이지 않는다면 여러분의 사업은 현재 어려운 상황에 처한 것입니다. 웃지 않는 사람, 행복해 보이지 않는 사람에게는 사람이 따르지 않습니다. 즉, 더욱더 안 좋은 상황만 생기는 것이지요! 그래서 네트워크 마케팅 사업을 하는 사람은 어떤 상황이 오더라도 웃고 있어야 합니다. 웃어야 사람들이 찾아오고 사업을 같이합니다.

네트워크 마케팅에서 성공한 사람들은 항상 가장 밝은 모습으로 웃으려 연습하고 그 모습을 의식적으로 만들어갑니다. 어떤 상황에서도 긍정성을 잃지 않도록 멘탈을 부여잡고 연습에 연습을 합니다. 네트워크 마케팅 사업에서 성공하고 싶다면 항상 먼저 웃어보세요! 성공은 바로 이 웃는 모습에서 시작합니다.

매일매일 실천할 수 있는 사업자 실행 가이드는?

성공하는 네트워크 마케터에게는 분명 뭔가 이유가 있습니다. 그 이유 중 가장 큰 부분을 차지하는 것이 바로 성공하는 습관입니나. 여기 매일매일 실천할 수 있는 10가지 사업자 실천 가이드를 제공합니다. 매일매일 실천해나간다면 다이아몬드를 지나 크라운까지 무사히 안착하실 겁니다.

① 제품을 100퍼센트 애용하기

사업을 시작했다면 자사의 제품을 집중적으로 써보아야 합니다. 자신이 슈퍼마켓을 차려놓고 다른 슈퍼에서 물건을 구입해서 사용하는 사람 있나요? 자신이 현대자동차 딜러인데 삼성자동차 타고 다니는 사람 있나요? 이건 매출과 관계없이 정신 상태에 문제가 있는 것입니다.

자사 제품 사용은 기본 중 기본입니다.

② 매일 소비자 회원 만들기

초기에는 사업자를 중심으로 조직을 구축하지만 소비자도 무시할 수 없습니다. 소비자 회원의 숫자가 많아지면 많아질수록 예비 사업자의 숫자는 늘어나기 때문입니다. 소비자 회원에게 사업 전달은 금물입니다. 좋은 제품을 싸게 쓸 수 있다는 것만을 어필하시어 가입을 꾸준히 늘려주세요.

③ 하루도 빠지지 말고 사업 설명하기(20분)

하루도 거르지 않고 하루에 한 명 이상에게 사업을 설명하고 제품을 전달하겠다고 결단하셔야 됩니다. 자신의 명단에 있는 사람을 꾸준히 접촉해가며 사업 설명을 해나가야 합니다. 부업자라면 일주일에 몇 건의 사업설명은 해나가겠다고 결단하시면 됩니다. 사업설명이 최고 강사가 진행하는 것처럼 화려하고 완벽해야 한다는 강박관념은 버리셔도 됩니다. 아주 간단하게 해도 좋습니다.

④ 원칙미팅 100퍼센트 참석하기

회사의 원칙미팅인 라인미팅, 1박2일 세미나 등은 빼놓지 않고 참석하는 것이 좋습니다. 기껏해야 한 달에 몇 번 되지 않고 시간도 많이 소요되지 않습니다. 직장 생활에 비하면 아주 쉬운 일입니다. 원칙미팅에 꾸준히 참석하면 꺼져 가던 열정도 다시 살아나기 때문에 원칙미팅에

100퍼센트 참여하기는 실천해주시기 바랍니다.

⑤ 매일 강의 듣기(20분)

매일 강의를 들으셔야 됩니다. 직접 캠퍼스에 와서 듣든 유튜브로 듣든 하루도 안 빠지고 강의를 듣겠다고 결단해야 됩니다. 짧은 시간이라도 정해놓고 매일 학습한다면 놀라운 결과를 얻게 될 것이 분명합니다.

⑥ 책 읽기(20분)

보통 성공학에 관련된 독서에 깊이 빠지면 성공에 대한 의지가 굳건해집니다. 웬만한 저항에도 내공이 쌓여 있기에 흔들림이 별로 없습니다. 뿌리 깊은 나무는 쉽게 흔들리지 않는 법입니다. 독서는 사리판단과 더불어 내성을 키워줍니다. 경제서적도 좋고 철학 서적도 괜찮습니다. 인문학에 깊이 빠지는 글 읽기도 물론 찬성합니다.

⑦ SNS 참여하기(20분)

요즈음은 SNS를 활용하지 않고는 답이 없습니다. 그만큼 SNS가 우리의 생활에 깊이 관여되어 있는 것입니다. 그룹 카카오톡, 밴드 등이 있는데 가능한 한 여기에 매일 참여하셔야 합니다.

⑧ 서로의 신뢰 쌓기

사업으로 성공하겠다고 마음먹었으면 내가 알고 있는 모든 주변 사람과 신뢰를 쌓으셔야 합니다. 친절하고 약속 잘 지키고 잘 웃는 것 등

사소한 것 하나까지 호감을 주는 모습으로 바꾸어야 합니다. 배려하고, 존중하고, 경청하는 태도는 상대에게 신뢰를 쌓는 중요한 요소입니다. 사업을 시작하면서 담배, 술을 끊었다면 가족들은 물론 지인 등 많은 분들에게 신뢰와 호감을 줄 수 있습니다.

⑨ 내 수첩에 명단 추가하기

매일 명단에 한 명이라도 추가합니다. 누구에게라도 소개받아서 채우는 습관을 기릅니다. 지인 중에 사업자가 아니라도 제품을 사용할 만한 대상이 있으면 소개 해달라고 도움을 청하는 것도 나쁘지 않습니다.

의지만 있으면 하루에 한 명은 충분히 추가할 수 있습니다. 이 노력을 하루도 거르지 않는다면 순식간에 수첩의 빈 공간이 채워질 것입니다. 명단에 비례해 당신의 사업은 번창하게 될 것임이 분명합니다.

⑩ 매일 운동하기(20분)

네트워크 마케팅 사업은 체력 싸움입니다. 체력이 좋아야 동에 번쩍 서에 번쩍 홍길동처럼 뛰어다닐 수 있기 때문입니다. 직급이 올라갈수록 하루에 소화해야 하는 미팅 양이 늘어가기 때문에 사업 초기부터 매일 운동하기는 필수 요소입니다.

chapter 5

시스템

네트워크 마케팅 사업에서 가장 중요한 것이 바로 시스템입니다. 시스템이란 사업자가 어떻게 사업해야 성공하는지를 알려주는 일종의 성공가이드입니다. 예를 들어 치킨 프렌차이즈에 가맹했다고 한다면 본사에서 치킨 튀기는 법부터 포장하는 법, 심지어는 매장 청소하는 법까지 다 배우는 것처럼 네트워크 마케팅 사업에서 가장 성공한 사람들의 방법, 습관 등을 배워나가는 것이 바로 시스템입니다. 네트워크 마케팅 사업은 시스템을 복제해가는 사업이라고 할 정도로 가장 중요한 부분인 만큼 본 챕터를 심도 깊게 보시기 바랍니다.

시스템 종류는?

각 회사별로 명칭과 목적이 좀 다를 수 있지만 통상적으로 아래의 일곱 가지 시스템이 존재합니다.

1) 사업설명회

사업에 대한 전반적인 내용을 소개하는 가장 일반적인 시스템

2) 조회

회사 창업자의 스피치, 회사의 중요 공지 등을 발표하며, 월요일 오전이나, 화요일 오전에 한두 시간 정도로 진행하는 것이 보통

3) 라인미팅(스폰서미팅)

스폰서의 주관으로 팀 또는 그룹 차원에서 매일 또는 매주 진행되는 사업자 미팅

4) 제품 아카데미

회사 대표 상품의 성분, 효과, 제품을 사용하는 비법을 알려주는 등 데모 기법을 알려주는 제품 위주의 교육 프로그램

5) HOW TO 교육

사업을 성공적으로 펼쳐나가는 방법을 배우는 교육 프로그램

6) 1박2일 or 원데이 세미나

한 달에 한 번 진행되는 그룹 차원의 세미나로 HOW TO 교육은 물론 직급 승급식으로 이어지는 세미나

7) 컨벤션

회사 차원에서 진행하는 프로그램으로 공식 승급식, 가수 초청 등 화려한 행사로 사업자의 시선을 끄는 것을 목적으로 하는 가장 큰 규모의 시스템

사업설명회란?

사업에 대한 전반적인 내용을 한 시간에서 두 시간 사이로 전달하는 설명회로 회사에 대한 전반적인 소개, 주요 제품, 부상플랜 소개 등으로 구성되는 것이 보통입니다. 회사에서 인정한 최고의 강사가 진행하는 사업설명회는 회사를 배울 수 있는 최고의 기회입니다. 아직 사업을 전달하기 어려운 초보자에게는 리쿠르팅 대상자를 초대해 회사를 소개할 수 있는 좋은 도구입니다. 보통 본사와 각 지방 센터에서 정기적으로 진행됩니다.

네트워크 마케팅 사업의 주 업무가 내 입으로 회사를 알리고 사업자와 소비자를 유치하는 것인 만큼 사업설명회를 꾸준히 그리고 많이 듣는 것은 왕초보 네트워크 마케터에게 매우 중요한 일입니다. 일단 많이 듣다 보면 머릿속에서 사업 전달을 어떻게 할지 감이 오기 시작하고 결국 자신의 입으로 사업을 전달할 수 있게 됩니다. 이를 위해 사업 초반에는 적어도 스무 번 이상 사업설명회를 듣는 것이 좋습니다. 특히 반드시 다양한 직급자의 사업설명회를 돌아가면서 골고루 들어보시기를 추천 드립니다.

같은 내용을 다루는 사업설명회라 할지라도 설명하는 사람의 경력, 성별, 연령 등에 따라 어필하는 포인트가 상당히 다릅니다. 예를 들면 여성분들은 제품을 집중적으로 다루려는 경향이 강한 반면 남자분들은 어떻게 돈을 버는지를 설명하며 사업적 전달을 하려는 경향이 강합니다. 그러므로 다양한 직급자의 사업설명을 들어보고 나에게 가장 맞는 사업 설명 방식을 찾아내고 연구하고 자기 것으로 만들 필요가 있습니다. 가장 좋은 방법은 현장에 가서 사업설명회를 반복적으로 듣는 것인데 부업자라면 유튜브 강의를 출퇴근 시간에 반복적으로 수강하기를 바랍니다.

라인 미팅(스폰서 미팅)이란?

팀의 리더 또는 그룹의 리더가 주관하는 미팅으로 출근 시스템이 있는 회사는 매일 아침에 진행하며, 출근 시스템이 없는 회사는 매주 한 차례 진행하는 것이 보통입니다.

라인 미팅에서는 회사소개, 제품소개, 보상플랜 등 사업설명회를 기반으로 하는 교육 프로그램과 더불어 미팅을 주관한 주관자의 특강, 마지막으로 참석한 사람들의 1분 스피치가 진행됩니다.

라인 미팅에서 가장 중요한 프로그램은 스피치입니다. 처음 사업을 시작한 사람도 많은 사람들 앞에서 자신을 소개하고 사업에 참여한 이유, 앞으로의 목표 등을 이야기하게끔 반복적으로 훈련시킴으로써 한 명의 완벽한 사업자로 성장할 수 있도록 돕는 것을 목적으로 합니다.

보통 라인 미팅은 소규모 미팅으로 적게는 몇 명에서 많게는 몇 십 명까지 참석합니다.

　스폰서 미팅은 라인 미팅과 같은 형식으로 진행하지만 그룹장이 주제하며 백 명 이상 단위로 참석하는 것이 보통입니다.

제품 아카데미란?

네트워크 마케팅 사업은 회사의 제품을 유통하는 유통사업입니다. 그런데 광고를 통한 유통이 아닌 내 지인에게 제품의 스토리를 '나'라는 사람을 통해 전달하는 사업 특성이 있습니다. 따라서 제품 아카데미는 시스템 중에서도 중요한 시스템입니다.

보통 아카데미는 회사가 미는 주요 제품의 성분, 마케팅 포인트와 데몬 방법 등을 알려주는 교육으로 일주일마다 정기적인 강좌가 열리는 것이 보통입니다. 회사의 제품군이 많다면 대부분 뷰티, 헤어, 다이어트, 건강 등의 제품 카테고리를 나누어 아카데미를 운영합니다. 보통은 전문 강사가 오거나 사업자 중 제품 분야에 전문 경력이 있는 강사가 진행합니다.

남성과 달리 여성은 제품으로 사업을 전달하는 경우가 많아 여성분은 특히 제품 아카데미를 수강하는 것이 좋습니다. 제품에서 사업의 비전을 느끼고 소비자에서 사업자로 전환하는 비율도 여성이 높기 때문에 예비 사업자를 제품 아카데미로 초대하는 것이 리쿠르팅에 큰 도움이 됩니다.

HOW TO 교육이란?

제품 아카데미가 제품에 대한 이해를 통해 사업 성공 확률을 높여준다면 HOT TO 교육은 사업을 통해 성공하는 방법을 알려주는 시스템입니다. 그 회사에서 가장 성공한 직급자가 자신의 성공 방법을 교육체계로 만들어 초보 사업자에게 전달합니다. 보통 HOW TO 교육에서는 사업 설명방법, 보상플랜 설명방법, 명단 작성과 리쿠리팅 방법, 후속조치 방법 등을 배웁니다. 프랜차이즈 본사에서 진행하는 초보 사업자 교육이라고 생각하면 쉽게 이해할 수 있습니다.

1박2일과 원데이 세미나란?

그룹 차원에서 진행하는 행사로 월 단위로 진행하며 하루 동안 진행하는 원데이 세미나, 숙박을 하는 1박2일 세미나로 나뉘며 행사 순서는 비슷합니다.

시스템 교육 중 컨벤션을 제외하고는 가장 규모가 큰 시스템으로 적게는 백 명에서 많게는 수백 명이 함께합니다. 일과시간에는 직급자들이 진행하는 회사, 보상, 제품 소개, HOT TO 교육이 있고 본사 직원이 나와 이번 달 출시될 신제품을 소개하는 등의 프로그램이 구성돼 있습니다.

저녁시간에는 한 달 간의 성과를 축하하는 직급 인정식인 랠리 행사가 진행됩니다. 스텝, 실버, 골드, 루비, 에메랄드, 다이아몬드 직급자 순서로 무대에 올라 직급 핀과 함께 승급 스피치를 하는 식으로 진행됩니다. 많은 사람들이 이 랠리 행사의 무대에 올라가는 것을 목표로 삼고 한 달간 열심히 사업을 합니다. 랠리 행사가 승급하고 싶다는 욕망을 불러 일으키기 때문에 자신뿐 아니라 많은 파트너를 모시고 가는 것이 중요합니다. 1박2일 세미나를 네트워크 마케팅 시스템의 꽃이라고 부르는 이유가 바로 여기에 있습니다.

보통 1박2일 때 참가하는 인원에 따라 사업의 성과를 가늠할 수 있습니다. 자신의 파트너가 10명 이하로 참가했다면 사업의 진척도가 느리다는 것을 의미합니다. 산하로 수십 명, 수백 명이 참석하는 1박2일 세미나를 목표로 지금부터 뛰어본다면 사업의 성과는 반드시 나게 되어 있습니다.

컨벤션이란?

컨벤션은 회사 차원에서의 진행하는 가장 큰 행사입니다. 1년에 한두 차례 진행되는 것이 상례입니다. 수백, 수천 명이 참석하는 행사로 연예인의 축하공연은 물론 네트워크 마케팅 회사의 가장 중요한 행사인 직급 인정식이 함께 진행되는 것이 보통입니다. 다이아몬드 이상부터는 연단에 올라 스피치를 하며 모든 대중의 갈채를 받습니다. 네트워크 마케팅 사업을 하는 이유가 바로 컨벤션에 다이아몬드 승급자로서 턱시도와 드레스를 입고 올라가는 것이라고 말할 정도로 자신을 가장 뽐내는 자리이면서도 파트너들에게는 비전을 제시하는 자리입니다. 이를 활용해 더 많은 매출을 만들게끔 유도하는 것이 바로 컨벤션입니다.

시스템에 참여해야 하는 이유는?

많은 사업자들이 성공하겠다며 네트워크 마케팅 사업을 시작합니다. 창업 비용이 아예 없거나 기껏해야 몇 백만 원 수준이니 시작하기가 너무나 쉽습니다. 하지만, 쉽게 시작하는 만큼 정말 많은 분들이 사업을 그만둡니다. 크게 세 가지 이유에서입니다.

첫째, 소속감이 없기 때문입니다. 네트워크 마케팅 회사는 보험 회사나 방문 판매 회사처럼 출근 시스템이라는 것이 존재하지 않습니다. 사업자의 자율에 모든 것을 맡기지요. 결국 시스템에 참여하지 않으면 사업을 잠시 진행하다가 대부분 그만두게 됩니다.

둘째, 사업을 어떻게 해야 할지에 대한 막연함 때문입니다. 경험해보지 못한 분야이다 보니 사업 전개 방법이 생소할 수밖에 없습니다.

셋째, 사람들에게 거절을 당하다가 의욕을 잃기 때문입니다. 불법 다단계라는 둥, 피라미드라는 둥 별의별 핑계를 대가며 거절하는 사람들 때문에 마음을 다치는 케이스가 반드시 발생합니다.

시스템은 이 모든 것을 해결해주는 솔루션입니다. "숯덩이도 화로 밖으로 나오면 식는다." 시스템에 참여해야 하는 이유를 가장 적절히 표현한 문장입니다. 시스템은 내가 사업에 참여하고 있다는 소속감을 부여하면서도 가장 성공한 직급자의 성공 방법을 제시하는 교육 시스템입니다. 거절을 당해 의욕을 상실했다가도 성공하겠다는 열정으로 가득한 강의장에 들어서면 고속충전기처럼 열정이 충만해집니다.

그래서 네트워크 마케팅 사업에서 성공하려면 반드시 시간을 내서 시스템에 참여해야 합니다. 나만 참여하는 것이 아니라 파트너도 반드시 참석시켜서 이 성공 시스템을 복제해 나가는 것이 중요합니다.

나만의 방법으로 사업을
해도 되는지?

많은 분들이 물어보는 질문 중 하나입니다. 회사는 마음에 드는데 팀, 스폰서가 사업을 진행하는 방식 자체가 마음에 들지 않는다며 자신이 독창적인 방법을 개발하고 자신이 지금껏 살아왔던 방법으로 사업해도 되는지 물어보십니다. 결론부터 말씀드리면 무조건 실패합니다. 성공하는 사람을 한 분도 보지 못했습니다. 그 이유는 당연합니다. 네트워크 마케팅 사업의 본질을 벗어나는 행위이기 때문입니다.

네트워크 마케팅 사업은 '성공적인 사업 시스템'을 복제하는 사업입니다. 여기서 성공적인 사업 시스템이란 본 사업으로 성공한 사람, 즉 한 달에 몇 억 원씩 수익을 벌어가고 있는 사람이 자신이 성공을 체계화해서 시스템화한 것을 의미합니다. 이 시스템은 시행착오 끝에 성공했던 길만 정리한 것입니다. 만약 네트워크 마케팅 사업 경력이 짧고

168

성공해보지 못했음에도 불구하고 자신이 잘났다는 생각에 이 시스템을 따르지 않는다면 수많은 시행착오를 겪을 수밖에 없습니다.

다음으로 네트워크 마케팅 사업은 '팀 사업'입니다. 스폰서의 도움 없이는 성장 자체가 힘든 사업입니다. 스폰서도 사람인지라 당장 성과는 없더라도 카카오톡, 미팅장에 자주 얼굴을 보이는 사람을 주목할 수밖에 없습니다. 시스템에서 성장하면 언젠가는 반드시 성공한다는 것을 알고 있기 때문에 시스템에 열심히 참여하는 사람을 주목하고 더 많은 시간을 투자해서 도와줍니다. 당연히 성공의 길로 들어서기가 쉽겠지요. 지방에 살고 있어서 시스템에 참여하기 어렵다면 카카오톡 등을 통해 열심히 활동하는 모습을 공유하고 자주 전화 통화를 해서 스폰서와의 관계를 쌓아 나가시면 됩니다.

마지막으로 시스템에 참여하고 있지 않으면 파트너도 똑같이 참여하지 않는 인과응보의 법칙이 발동합니다. 내가 귀찮아서, 시간이 없어서 시스템에 참여하고 있지 않다면 그 모습을 내 파트너가 보고 똑같이 시스템을 멀리합니다. 본인도 자신의 방법대로 사업을 펼치겠다는 모습을 보이며 결국에는 사업 실패의 길로 접어들게 됩니다. 결국, 파트너의 사업 실패는 나의 사업 실패와 연관이 있기 때문에 성공할 수 없게 되는 것입니다.

제발 겸손해지십시오. 네트워크 마케팅 사업은 매우 단순한 사업입니다. 성공한 사람이 걸어간 길을 그대로 따라가고 자신의 파트너도 그대로 따라가게끔 만들어주면 성공의 길이 보이는 사업입니다. 여기서 '나', '나만의 방법'은 접어 두시기 바랍니다.

직급이란?

네트워크 마케팅 회사는 직급 체계를 가지고 있습니다. 보석 이름을 붙이는 경우가 대부분이며 10~12개 정도의 직급 체계를 갖추고 있습니다. 비싼 보석 이름일수록 높은 직급인 것이 업계 표준입니다.

직급이란 나를 중심으로 산하 파트너가 일정 기간 동안 얼마만큼의 매출을 내고 있는가, 즉 실적에 따라 부여되는데, 이 매출은 한 달 또는 4주 합산 개념으로 결정하는 것이 일반적입니다. 1세대 보상방법인 브레이크어웨이 보상플랜은 월단위를, 바이너리 기반 회사는 4주 합산 개념으로 직급을 결정합니다. 각 직급은 단순히 매출의 총합만을 의미하는 것이 아니라 소득으로 연결되는 중요한 기준이기도 합니다.

네트워크 마케팅 회사에서 상위 0.1퍼센트에 해당되는 다이아몬드

직급	산하 4주 합산 매출	소득
첫 직급(스탭, 브런즈)	800만~1000만 원	50~90만 원
두 번째 직급(실버)	1000만~1800만 원	110~150만 원
세 번째 직급(골드)	1800만~3500만 원	200~290만 원
네 번째 직급(루비, 플래티넘, 사파이어)	3500만~7000만 원	380~450만 원
다섯 번째 직급(에메랄드)	1억~1.5억 원	780~980만 원
다이아몬드 직급	24억~10억 원	1200만~1억 원
크라운 직급	10억~40억 원	최소 1억 원 이상

직급자는 회사에서 임원급 리더로 분류되며 월 1000만 원 이상 소득을 올리는 것 외에도 회사로부터 특별한 예우를 받습니다. 네트워크 마케팅 사업에서의 꽃이라고 불리는 다이아몬드 직급을 반드시 성취해야 하는 이유가 여기에 있습니다.

다이아몬드 이상 직급자 예우

- 다이아몬드 이상 급 회의 참석
- 해외 여행 프로모션 시 우선 혜택
- 각종 행사 시 별도의 특별석 부여
- 회사로 문의 오는 소비자 또는 사업자가 있을 경우 우선 배정
- 국산차 차량 지원
- 다이아몬드 이상을 위한 특별 파티 및 행사 참여 혜택
- 본사 강연장 우선 사용권 부여 등

다이아몬드 직급 위에는 크라운이 존재합니다. 회사의 최고 직급자를 뜻하는 '크라운' 직급은 '사업자 중의 왕'이라는 의미를 가지고 있습니다. 왕관을 씌어준다는 개념에서 '크라운'이라는 직급을 쓰는 것이 상례이며 엠버서더라고 부르는 경우도 있습니다. 1억 원 이상의 소득은 물론 이들 크라운에게는 다이아몬드 직급자를 대하는 예우와는 비교가 안 되는 혜택이 제공됩니다.

크라운 직급자 예우
- 공식 행사 시 맨 앞자리 특별석 제공 및 기립박수
- 해외 여행 시 퍼스트 클래스및 5성급 스위트룸 제공
- 차량 지원 시 벤츠 S클래스 또는 BMW 7시리즈 제공

네트워크 마케팅 사업을 시작했다면 다이아몬드 식급까지는 반드시 성취하겠다는 각오를 할 필요가 있습니다. 다이아몬드 직급 성취 이후부터 인생이 달라지기 시작하기 때문입니다.

왕초보
네트워크 마케팅
성공 가이드

유신TV 국장이 이야기하는 인사이트 1.

"네트워크 마케팅 사업에서 성공하려면 어떻게 해야 하느냐"는 질문을 많이 받습니다.

포괄적이고 어려운 질문이지만 명확한 공식이 있습니다. 대한민국 네트워크 마케터 중 95퍼센트는 사업 도중 그만두거나 사업에 실패합니다. 엄청난 수치이지요. 이 95퍼센트에 들지 않으려면 실패하는 방법이 아닌 성공하는 방법을 선택해야 합니다.

네트워크 마케팅 사업에서 성공하려면 '3+1'의 법칙이 구현돼 있어야 합니다. 여기서 3이란 ① 회사, ② 시스템, ③ 스폰서를 뜻합니다. 네트워크 마케팅에서 성공하려면 이 3가지가 반드시 갖추어져 있는 상황이어야 합니다. 각 요소들이 어느 정도 기반이 있는 상태에서 다음으로 필요한 것이 바로 +1, 본인의 열정입니다.

많은 분들이 범하는 오류가 본인의 열정만 있으면 사업에 성공할 수 있다고 착각하는 것입니다. 예를 들어 스폰서가 사업을 잘 하지 못하면 스폰서를 무시하고 본인의 스타일을 만들어서 사업을 하겠다든지, 회사의 시스템이 없으면 시스템을 내가 만들어서 사업하면 된다든지……

결론부터 말씀드리면 이건 100퍼센트 실패합니다. 다시 한 번 말씀드리지만 100퍼센트 실패하는 게임입니다. 예외는 없습니다. 네트워크 마케팅 사업은 본인의 열정과 능력만 가지고 사업하는 것이 아닙니다. 회사와 시스템 그리고 스폰서라는 뿌리를 근간으로 사업을 복제해나가는 사업인 만큼 처음에 사업을 선택할 때 신중하게 베이직 '3'을 반드시 체크하고 또 체크하시기 바랍니다.

chapter 6

리쿠르팅

네트워크 마케팅 사업에서 가장 중요한 것이 바로 유통 조직을 만드는 것입니다. 이를 위해서 이 유통 조직을 이끌고 나갈 수 있는 인재를 모시고 와야 합니다. 그것이 바로 리쿠르팅입니다. 네트워크 마케팅 사업은 리쿠르팅에서 시작해서 리쿠르팅으로 끝난다고 해도 과언이 아닐 정도로 리쿠르팅은 이 사업에서 가장 중요한 핵심 중에 핵심입니다. 하지만 초보자들이 가장 극복하기 어려워하는 영역이기도 합니다. 지금부터 리쿠르팅의 모든 것을 알아보는 시간을 갖도록 하겠습니다.

리쿠르팅이란?

리쿠르팅을 정의하기 전에 다시 한 번 네트워크 마케팅 사업을 정의해보도록 하겠습니다. 네트워크 마케팅 사업은 나라는 사람을 중심으로 우리 회사의 제품을 유통해줄 가맹점을 많이 만들고 이들을 통해 소비자를 만드는, 즉 유통회사를 만드는 사업입니다. 역량에 따라 수십, 수백, 수천, 수만 개의 가맹점이 있는 자신만의 유통회사를 만들 수 있는 멋진 사업입니다. 그럼 이 회사를 어떤 사람들로 채울지 고민해야 합니다. 큰 사업인 만큼 유능한 사람이 많이 필요하겠지요? 유능한 사람을 내 사업에 참여시키는 것, 이를 전문용어로 리쿠르팅이라고 합니다.

네트워크 마케팅의 특성상 유능한 한 명의 사람이 만들어내는 조직의 숫자는 엄청납니다. 내 산하로 어떤 사람을 리쿠르팅해 오느냐에 따라 1년 안에 10명의 조직이 될 수도 있고 1만 명의 조직이 될 수도 있습니다. 그래서 모든 역량을 리쿠르팅에 쏟아야 하는 것이 네트워크 마케터의 숙명입니다.

명단이란?

명단이란 내가 리쿠르팅하고 싶은 사람을 리스트에 올리는 것을 의미합니다. 예비 사업자 리스트라고 보면 됩니다. 네트워크 마케팅 사업은 명단을 꾸준히 작성하고 이를 통해 좋은 인재를 꾸준히 리쿠르팅해오는 것, 이 단순한 작업을 해나가는 사업이라고 생각하시면 됩니다. 이 때문에 관리하는 명단 수에 따라 6개월 후 직급을 예측할 수 있기도 합니다.

거의 대부분의 신규 사업자들이 처음 명단에 쓰는 인원의 숫자는 보통 3~4명입니다. 이들에게 사업을 전달했는데 자신과 함께할 사업자가 나오지 않는다면 '나는 네트워크 사업이 맞지 않는다', '네트워크 사업은 안 된다' 등의 이유를 들며 사업을 포기합니다. 이렇게 포기하는 사람이 전체 네트워크 마케팅 사업자의 80퍼센트가 넘습니다. 사업 포기 시점도

3개월 이내가 가장 많습니다. 우리는 이러한 유형의 네트워크 마케터를 흉내 네트워크 마케터라고 말합니다. 사업에서 거의 예외 없이 실패하시는 분들입니다.

이와 비교해서 사업을 진행하면서 그 명단의 숫자를 20~30명까지 늘려가는 사람들이 있습니다. 이 분들은 보통 회사에서 중간 직급까지는 승급합니다. 하지만 어느 정도 직급에 올라가면 자신의 명단을 멈추고 파트너들의 명단만 가지고 사업을 하기 시작합니다. 파트너의 명단이 떨어지는 시점에 사업을 포기하거나 자신의 현재 직급에 만족하며 사는 사람들을 우리는 '아마추어 네트워크 마케터'라고 부릅니다.

다이아몬드 직급 이상 달성하는 프로 네트워크 마케터는 명단 개발에 거침이 없습니다. 적게는 50명에서 많게는 100명 이상의 명단을 지속적으로 개발해 나가는 것이 보통입니다. 초보자는 초보자로서의 명단 개발 영역이 있고, 하이핀은 하이핀으로서의 명단 개발 영역이 있다는 것을 잘 알고 있으며 이를 꾸준히 반복해나감으로써 그룹의 성장까지 이끌어냅니다.

다시 한 번 이야기하지만 네트워크 마케팅 사업은 명단에서 시작해서 명단으로 끝나는 사업입니다. 반복적인 패턴 뒤에 큰 성공이 기다리고 있다는 점을 인지하고 사업을 하셨으면 합니다.

명단 작성 방법은?

명단 작성

이름	나이	성별	연락처	거주지	직업	N/W	
						유	무

- 명단작성은 사업의 성공을 위한 유일한 자산이며 가장 중요한 도구입니다. 함께 성공을 원하는 모든 이들의 명단을 적고 거절에 대한 마음의 여유도 준비하십시오.

네트워크 마케팅 사업의 명단을 작성하는 양식이 있습니다. 다음 명단 작성법을 이용하시면 명단을 빠르게 많이 확보하실 수 있습니다. 명단을 몇 개 정도 가지고 있느냐에 따라 사업의 성공 여부가 판가름 나는 만큼 가능한 한 많은 명단을 작성하시기 바랍니다.

각 항목별 10점 만점					합계	분류				미팅 후 반응
긍정	꿈목표	경제력	거리	성실		비회원 소비자	회원 소비자	부업자	전업자	

명단이 안 만들어지는 이유는?

대부분의 사람들이 예비 사업자 명단을 작성하라고 하면 '내 머릿속의 지우개'를 발동하기 시작합니다. '이 사람은 이래서 안 될 거다', '저 사람은 저래서 안 될 거다' 별 핑계를 만들어가며, 예비 명단에서 지웁니다. 결국 남은 사람은 3명에서 10명 정도이고 이들의 공통점은 바로 가장 만만한 사람들이라는 것입니다.

명단 작성 시 주의사항은 사업의 진행 여부를 미리 판단하지 말고 모두 적으라는 것입니다. 100명 이상의 명단이 작성되지 않으면 '내 머릿속의 지우개'가 발동되고 있다는 증거입니다. 누구나 30년 이상의 인생을 산 사람이라면 명단 100명은 반드시 있습니다. 지금 카톡 주소록을 보시면 몇 명의 사람들이 있나요? 그 사람들이 모두 명단에 들어갈 수 있는 사람들입니다. 가족, 친인척, 학교, 직장, 이웃, 동아리, 취미생

활, 종교, 지역 모임 등에서 떠오르는 모든 사람을 지금 바로 적으면 됩니다.

네트워크 마케팅 사업은 '상호신뢰'를 기반으로 하는 사업입니다. 평소에 신뢰관계가 있다면 그 사람의 신뢰관계만으로도 사업을 전달할 수 있습니다. 가장 가까운 관계인 명단을 우선적으로 분류해보세요! 꼭 성공시키고 싶은 가족, 친지, 친구 등 친밀도가 높은 사람을 우선적으로 분류하면 됩니다.

다음은 돈에 대해 욕심이 있는 사람, 책임감이 강한 사람, 성공을 갈망하는 사람 등 성공인자를 가졌는지와 마인드가 좋은 사람을 분류하면 됩니다. 이들 중 거리가 가까운 사람, 사업에 투자할 만한 시간이 있는 사람으로 분류하면 우선 순위 분류는 끝납니다. 그게 바로 명단입니다.

명단 분류법은?

100명 이상의 명단을 작성했다면 이제 접촉 우선순위를 정하는 분류 작업을 진행해야 합니다. 바로 전업자, 부업자, 소비자를 분류하는 것입니다.

본 분류 작업은 사업 성공으로 가는 과정 중에서도 굉장히 중요한 요소입니다. 실패하는 많은 네트워크 마케터들은 명단에 적힌 사람과 무분별하게 접촉합니다. 소비를 할 사람에게 사업을 전달하고 사업을 할 사람에게 소비를 전달하는 어이없는 일들이 왕왕 발생하는 이유가 이 분류를 진행하지 않고 사업을 시작했기 때문입니다.

명단 중에서 창업이나, 부업을 원하는 사람, 추가 수익을 원하는 사람, 새로운 일을 찾고 있는 사람, 성공을 갈망하는 사람, 꿈과 목표, 거기에 열정을 가진 사람들을 분류해 보십시오. 그 사람들은 전업이나 창업을 할 수 있는 사람들입니다. 나머지는 소비자로 분류하면 됩니다.

사업자에게는 사업의 비전과 얼마의 돈을 벌 수 있는지 그리고 꿈을 이루는 최고의 도구라는 점을 중심으로 전달하고 소비자에게는 제품의 차별성을 중심으로 전달하면 됩니다.

사업 전달 방법에서 초대란?

　　리쿠르팅을 목적으로 하는 사업 전달 방법은 크게 초대, 사업설명, 후속조치, 상담, 복제 등 5가지로 분류됩니다.

　　전달의 첫 번째 단계는 초대입니다. 초대는 사업설명 전 단계라 할 수 있습니다. 내 스폰서 라인 중에서 오늘 초대할 분과 가장 궁합이 좋은 스폰서에게 미리 시간을 할애받아서 약속 잡고 사업설명을 하기로 했다면 그 전 단계까지는 모두 초대라고 합니다. 초대도 우리가 알아야 될 여러 가지 필수 사항이 있습니다. 초대를 잘 못하시는 분들은 초대에 대한 기본 지식을 배우지 않아서 그렇습니다.

　　초대는 먼저 사업 소개와 관심 유발이 목적입니다. 상대는 틀림없이 이 네트워크 마케팅을 굉장히 불신하고 있습니다. 부정적인 이야기를 들었었거나 아니면 한두 번 나쁜 경험을 한 기억을 가지고 있습니다.

이미 이러이러한 다단계일 것이라는 선입견을 가슴에 품고 있을 확률이 높습니다.

그렇기 때문에 초대자는 아주 당당하고 자신에 가득 찬 모습으로 상대방에게 신뢰감을 줘야 합니다. 평상시보다 더 의복도 깨끗이 입고 단정해 보이는 외적 자세를 갖춰야 하는 것입니다. 또한 표정도 평소보다 밝고 행복한 모습으로 맞이합니다. 초대받은 당사자가 내 모습을 발견하고 뭔가 다른 느낌을 받도록 하는 것이 좋습니다. 내 변화된 모습을 목격하고 네트워크 마케팅에 관한 선입견을 잠시 미뤄둘 수 있다면 반은 성공한 겁니다.

사업설명 방법은?

사업설명은 제대로 해야 합니다. 많이 보여주고 모든 걸 다 준다고 사업을 잘하는 것이 아닙니다. 사업설명은 신성하고 진지하게 해야 합니다. 한 사람을 초대하기까지 그렇게 어려웠는데 사업설명을 불성실하게 하면 그야말로 공든 탑이 와르르 무너지는 최악의 초대가 되고 맙니다.

먼저 전화로는 사업설명을 하지 않는 것이 좋습니다. 전화를 이용한다면 살짝 호기심을 자극하는 정도에서 머무르는 것이 옳은 방법입니다.

약속 시간은 두 시간 이상 충분히 확보하는 것이 좋습니다. 만약 초대한 사람이 한 시간밖에 시간이 안 되신다면 차라리 포기하고 다음을 기약하는 것이 좋습니다.

또한 중요한 초대는 한 번에 한 명씩 하는 것이 맞습니다. 여러 사람이 중복되면 곤란하고 난처한 일이 생길 수 있습니다. 상대가 모두 생면부지의 사람들이라면 조심스레 한 분씩 부르는 것이 안전합니다.

강의 안내 전에 스폰서 프로모션을 잘해야 합니다. 미리 스폰서를 프로모션을 하느냐, 안 하느냐가 성공과 실패의 관건이 될 정도로 중요합니다. 만약 사업설명회로 초대하는 것이라면 강사에 대한 설명을 충분히 해놓아야 그분이 제대로 경청합니다.

스폰서에게도 프로스펙트(초대자)를 정확하고 충분하게 안내해 주어야 합니다. 초대시간에는 절대로 서로 언쟁하지 않습니다. 초대 당사자가 현장에 와서 네트워크 마케팅에 대한 불편한 심경을 드러낸다고 해서 변명하거나 마주 화를 내서는 안 됩니다. 간절한 심정으로 진심을 담아 인정할 부분은 인정하고 초대 당사자에게 사업에 대한 진솔한 평가를 요청하는 쪽이 현명합니다. 끝까지 부드럽게 포용하며 정중하게 예의를 다하시는 것이 좋습니다. 초대자의 공손한 태도에 한 번쯤 경청을 해볼 필요가 있다고 느껴져 마음이 움직일 수 있기 때문입니다.

초대 시
절대 하지 말아야 할 것은?

초대 시 절대 하지 말아야 할 것이 있습니다. 바로 거짓말이나 권모술수로 사업자를 초대하는 것입니다. 예를 들어 '밥 사줄게 잠시 보자'는 식으로 초대해놓고 사업설명회 또는 스폰서와의 2차 미팅을 잡는 케이스입니다. 심지어 스폰서에게도 예비 사업자에게 스폰서가 나온다는 것을 알리지 않았음을 숨기는 케이스도 있습니다. 역지사지로 생각해보면 초대자는 자신을 속인 초청자에 강한 배신감을 느끼게 됩니다. 사업에 대해서 귀를 열기도 전에 이러한 강력한 배신감 때문에 귀를 닫아버리지요. 그럼 회사 대표 사업자가 와서 사업설명을 해도 결코 사업을 이끌어낼 수가 없습니다. 스폰서와 초대자의 귀한 시간을 모두 날려버릴 수 있고 신뢰 또한 잃어버리는 상황이니 이런 초대 방식은 주의하여 주시기 바랍니다.

호일러의 법칙이란?

네트워크 마케팅 사업에서 리쿠르팅 영역의 바이블은 역시나 '호일러의 법칙'입니다.

호일러의 법칙(Law of Hoiler)은 하버드대학교 경영대학원 호일러 교수가 어떻게 하면 미팅에서 효율을 더 높일 수 있을지를 연구해 정리한 이론입니다. 일본인이 세계시장을 개척할 때 주로 사용한 대인접촉 방법인데 제품을 판매하는 장소에 전문가를 초빙하여 제품의 장점을 설명하게 했더니 더 많은 판매가 이루어진 현상을 호일러 교수가 정리했습니다.

이론은 간단합니다. 네트워크 마케팅 리쿠르팅 현장에는 세 명의 사람이 존재합니다. 이를 A, B, C라고 정의한다면 A는 그 분야의 전문가 또는 성공한 사람으로 우리는 이를 스폰서라고 부릅니다. B는 C를 초

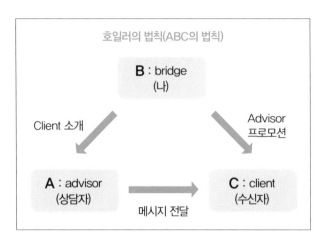

대한 초대자입니다. C는 잠재 사업자라고 정의하죠.

호일러의 법칙은 C(잠재사업자)를 만날 때 B(초대자) 혼자 만나기보다 설명을 도와줄 수 있는 전문가인 A(스폰서)와 함께 만나면 훨씬 효율적으로 사업을 전달할 수 있다는 것입니다. 제3자 입장에서 보면 객관성과 전문성을 앞세우기 때문에 현장에서 리쿠르팅 확률이 훨씬 높아지는 것이 특징이지요.

호일러의 법칙을 리쿠르팅에 활용하는 이유는 '지인은 나를 사업 파트너로는 믿지 않기 때문'입니다. 물건을 판매한다면 나를 신뢰하는 지인은 너무 고가만 아니라면 제품을 구매해주겠지요. 하지만 네트워크 마케팅 사업은 '사업'이기 때문에 거절이 쉬워집니다! 예를 들어보겠습니다. 초등학교 시절부터 함께해온 절친이 있습니다. 연예 실패담부터 비밀 이야기까지 모든 것을 아는 아주 가까운 사이지요. 그런데 이 친구가 갑자기 찾아와서 대박 사업이 있다고 하면서 사업을 같이 하자고

하는데, 그 사업이 다단계라면 신뢰가 가지 않을 겁니다. 특히나 친구가 사업적인 감각이 떨어지고, 사업적으로 성공해본 경험이 없는 사람이라면 더더욱 그렇겠죠!

그래서 그 분야에서 성공한 사람이 객관적으로 사업을 설명하는 호일러의 법칙을 활용한 미팅법이 더 효과가 있는 겁니다. 이 책의 독자는 사업 파트너로서 신뢰가 가지 않는 사람일 수 있지만 그 사업에서 성공해서 월 1000만 원 이상 버는 사람이라면 이야기가 달라집니다. 사업을 객관적으로 들여다보게 될 것입니다. 타이밍이 맞는다면 사업을 시작하게 될 겁니다. 그래서 호일러의 법칙이 리쿠르팅에서 매우 유용한 것입니다.

모든 미팅에
스폰서를 대동해야 하나?

스폰서를 대동하면 리쿠르팅의 승률이 높아지는 것이 사실입니다. 하지만 한 명의 스폰서를 내가 독점하는 것은 불가능합니다. 스폰서는 적게는 몇 명부터 많게는 수백, 수천 명의 파트너를 보유하고 있습니다. 귀중한 자원이라는 뜻입니다. 그러므로 스폰서를 모든 미팅마다 대동한다면 효율성이 떨어지고 자원 낭비가 되는 것입니다. 그래서 스폰서와의 미팅 전에 반드시 예비 사업자와 본인이 미팅하는 1차 미팅이 필요합니다.

1차 미팅은 '깔때기 미팅'이라고도 부릅니다. 1차 미팅에서 관계 회복을 하고, 상대방에게 '사업 타이밍'이 있는지 파악하고, 스폰서와의 미팅이 필요한지 먼저 걸러주는 것입니다. 소비자로 만들 사람인데 스폰서까지 대동해 사업설명을 군이 할 필요가 없기 때문에 적절한 필터링

이 필요합니다.

　1차 미팅의 목표는 바로 '초대'입니다. 회사의 사업설명회에 초대하거나 스폰서와의 2차 미팅을 잡기 전에 사업에 대한 관심을 유발하는 것을 목표로 합니다. 많은 초보 사업자가 누군가를 만나자마자 사업설명을 합니다. 오랜만에 만나자고 해놓고서 다단계 사업 이야기를 먼저 꺼내면 뭔가 속은 기분도 들고 다시는 만나고 싶지 않게 됩니다. 1차 미팅은 상대방과의 관계 개선은 물론 상대방의 상황을 체크하는 것으로 시작합니다. 이를 '사업 타이밍'이라고 하는데 부업거리는 필요한지, 돈이 필요한지, 일이 필요한지, 남편 몰래 딴 주머니를 차야 하는 상황인지 등을 질문을 통해 자연스럽게 파악하는 것입니다. 만약 돈을 벌어야하는 타이밍에 있는 사람이라면 현재 자신도 같은 고민을 해결하려고 일을 시작했는데 재미있고 흥미로운 사업이라고 이야기하면서 자연스럽게 2차 미팅으로 초대하면 됩니다.

　1차 미팅에서 2차 미팅 초대로 연결하는 핵심은 바로 '호기심 유발'입니다. 이 호기심은 평소 알고 지내던 사람이 무언가 큰 변화가 있어 보일 때 가장 강력하게 생겨납니다. 사업 초기에 제품을 애용해서 외모, 헤어, 복장 등 외적 요소를 변화시키는 것이 굉장히 중요하다고 이야기한 적이 있지요. 상대방이 갑자기 긍정적인 모습으로 변했는데, 그 이유가 바로 네트워크 마케팅 사업 때문이라고 한다면 예비 사업자는 강력한 호기심을 느끼므로 2차 미팅 초대로 쉽게 연결할 수 있습니다. 또한 지식이나 언변보다는 당당하고 신뢰감을 주는 자세로 임하는 게 호기심의 강도를 높입니다. 1차 미팅에서 외적 요소는 중요한 성공 요인이니 모두 신경 써주시기 바랍니다.

사업자 전달 vs.
소비자 전달?

사업 초기에는 무조건 사업자 명단을 대상으로 집중적으로 전달하셔야 합니다. 네트워크 마케팅 사업의 본질은 소비를 통한 사업 확장입니다. 제품이 좋으면 사업을 할 수 있고, 이를 통해 성공하는 사업이 네트워크 마케팅 사업의 본질이지요! 그런데 왜 사업 초기에는 사업자 명단을 대상으로 우선적으로 전달해야 할까요?

누군가 보험 사업을 시작한다고 가정해보겠습니다. A라는 사람은 소비자를 찾아 보험 영업을 진행했습니다. B라는 사람은 보험 지점장 급을 먼저 접촉해서 이 분들을 리쿠르팅 했습니다. 1년 후 누구의 사업이 더 성장했을까요? 답은 당연히 B입니다. 보험 지점장에게는 수많은 보험 영업자 명단이 있습니다. 그리고 이들 보험 영업자는 수많은 소비자 명단으로 이어지겠지요!

처음에 사업자를 중심으로 여러분의 조직을 구축해놓으면 소비자는 자연스럽게 따라오게 돼 있습니다. 보통 한 명의 사업자 뒤에는 10명에서 100명의 소비자가 자연스럽게 따라오기 마련입니다.

네트워크 마케팅 사업은 사업 성장 속도가 빠르면 빠를수록 돈이 되고 지치지 않게 되며 성공하게 되는 사업이기도 합니다. 이렇게 할 때 중요한 것이 바로 초기 사업자를 중심으로 조직을 구성하는 것입니다.

질문 84.

누구에게 먼저 전달해야
하나?

결론부터 이야기하면 네트워크 마케팅 사업은 누가 잘할지 모르는 사업입니다. 분명 잘할 것 같은데 사업을 잘 못하는 분이 많고, 잘하지 못할 것 같은데 의외로 크게 성장하시는 분들이 있습니다. 하지만 확률을 높이는 차원에서 다음과 같은 유형의 분들이 리쿠르팅 우선 순위대상이라고 생각하시기 바랍니다.

먼저 우리 회사에서 성공한 직급자의 유형을 파악하고 연령대와 성별, 성향이 비슷한 사람을 찾아 리쿠르팅하는 데 공을 들인다면 사업에서 성공할 가능성이 커지게 됩니다. 특히 긍정적인 성향을 가지고 있으며, 자신을 꾸미기 좋아하는 사람이라면 성공 가능성이 몇 배가 더 커지니 참고하시기 바랍니다.

다음으로는 네트워크 마케팅 유경험자를 리쿠르팅하는 것입니다. 초보 사업자가 네트워크 마케팅 사업을 이해하기까지는 통상 6개월에서 1년 정도 소요됩니다. 그렇기 때문에 네트워크 마케팅 유경험자들은 귀중한 자원입니다. 다만 많은 회사를 옮겨 다니신 분들이나 이상한 방법으로 사업을 배우신 분들, 불법 다단계 경험이 있는 분들은 오히려 사업이 성장하는 데 마이너스가 될 수 있으니 유의하시기 바랍니다.

마지막 대상자는 바로 영업 경험자입니다. 실제로 네트워크 마케팅 사업 경험이 없음에도 불구하고 다이아몬드 이상의 직급자가 되는 분들 상당수는 기존 영업 세계에서 성공해본 경험이 있는 분들입니다. 정수기, 화장품, 보험설계사 같은 방문 판매 경험자는 고객 접촉 및 거절에 익숙하기에 다른 사람들에 비해 빠르게 성과를 낼 수밖에 없습니다.

지금까지 알려드린 유형 외에도 주위에 정말 돈을 벌고 싶은 욕구가 강한데 무엇을 해야 할지 모르는 사람이 있다면 무조건 리쿠르팅 대상에 넣기 바랍니다. 네트워크 마케팅 사업의 본질만 깨닫게 해준다면 누구보다 빠르게 성장할 사람이기 때문입니다.

질문 85.

리쿠르팅하면 안 되는
스타일?

그럼 반대로 리쿠르팅하지 않았으면 하는 타입도 있겠지요! 사업에 전혀 도움이 되지 않거나 사업을 오히려 방해하는 스타일의 유형이 있으니 참고하시기 바랍니다.

첫 번째는 '물물교환형' 스타일입니다. '나도 사업자로 가입할 테니 당신도 내가 하는 일에 혜택을 달라'는 유형이지요! 영업하는 분이나 타 네트워크 마케팅 사업자가 대부분 이런 제안을 많이 합니다. 결론부터 말하면 물물교환형 사업자는 아무 의미 없습니다.

다음은 '간절형' 스타일입니다. 당장 돈이 없어서 사업팩을 구매할 수 없지만, 사업팩을 구매해주시면 열심히 일하겠다는 유형입니다. 결론은 절대 이런 분께는 '팩을 내려주지 마라'입니다. 일반적으로 네트워크 마케팅 사업을 창업할 때는 200만 원 정도의 팩을 구매합니다. 그런데 돈이 없다며 대신 팩을 구매해 달라고 요구하는 타입에게 팩을 구매해 주는 동시에 간절함은 물론 책임감까지 없어집니다.

'감정의 쓰레기통형'은 개인적인 일상다반사와 거기서 느끼는 감정을 스폰서 또는 파트너에게 쏟아버리는 스타일입니다. 아울러 감정 쓰레기통형은 스폰서 또는 파트너의 부정적인 측면을 다른 사람에게 옮겨 조직 내 불협화음을 만드는 경우가 상당수입니다. 그러므로 본 유형의 사업자와는 사업적인 내용만 커뮤니케이션하고 존칭에 신경을 써 적당한 거리감을 두는 것이 이롭습니다.

'앙탈형'은 엄마 새가 물어온 먹잇감을 한없이 바라보고 있는 새끼 새 같은 사람입니다. 스폰서가 리쿠르팅하기만 기다리고 있다가 자신의 산하로 사업자를 내려주길 원하는 스타일로 이들의 특성은 자신의 산하가 아닌 다른 라인으로 후원이 내려가면 한없이 불만을 토로합니다. 앙탈형 사업자는 자칫 팀의 분위기를 망치는 암적인 존재로 성장할 수 있는 만큼 신중하게 리쿠르팅하는 편이 좋습니다.

다음은 '타임킬러형'입니다. 스폰서와 파트너의 시간을 소중히 여기지 않는 사업자 유형으로 약속에 늦는 건 양반이고 약속 시간 바로 전 미팅을 펑크내 버림으로써 스폰서 또는 파트너의 소중한 시간을 소모해버리기도 합니다. 타임킬러형 사업자는 대부분 책임감이 부족하므로 향후 리더 사업자로 성장하지 못할 가능성이 매우 큽니다. 약속을 지키지 못하니 파트너 사업자의 불만을 야기하고 결국, 조직에서 자연스럽게 도태됩니다.

마지막으로 '뜬구름 사기꾼형'입니다. 일단 이 사람들은 상종조차 하지 마시기 바랍니다. 자기가 큰 그룹을 가지고 있고 몇 십 명에서 몇 백 명의 사람을 모아올 수 있다고 하면서 자신의 세력을 뽐냅니다. 그리고 이 사람들을 모셔오겠다며 자신의 몸값과 거마비를 요구합니다. 결론부터 이야기하면 다 사기꾼입니다. 일단 제대로 된 리더는 돈을 요구하지 않습니다. 해외에 수출판로가 있다며 접근하는 유형도 있습니다. 하지만 네트워크 마케팅 회사의 제품을 해외로 판매하는 것은 거의 불가능하다고 보면 됩니다. 이런 뜬구름 잡는 사람은 무조건 피하시기 바랍니다.

타사 네트워크 마케터를 리쿠르팅하는 방법?

타사에서 네트워크 마케팅 사업을 하고 있는 분을 리쿠르팅한다면 사업 성장에 매우 큰 도움이 됩니다. 하지만 그만큼 리쿠르팅 난이도가 높은 편이지요. 이 분들에게는 그들만의 독특한 타이밍이 있습니다. 사업에 올인하고 빠져 있을 때는 어떤 조건을 내세워도 움직이지 않습니다. 네트워크 마케팅 전문 용어로 '독기'라고 표현하는데 독기가 올라와 있을 때는 리쿠르팅이 사실상 불가능하다고 보시면 됩니다.

하지만 재미있는 사실은 이 분들을 리쿠르팅할 타이밍이 있다는 것입니다. 네트워크 마케팅 사업에는 3 · 6 · 9법칙이라는 것이 있습니다. 사업을 시작하고 3개월 차, 6개월 차, 9개월 차에 사업의 위기가 반드시온다는 뜻입니다. 보통 돈을 못 벌거나 진행하고 있는 사업의 성장이느려질 경우 이런 위기가 오는데 이 시점에서 다른 회사로 눈을 돌리는 사례가 상당수 있습니다. 이 시점이 바로 리쿠르팅하기에 최고의 타이밍입니다.

이 타이밍을 포착하려면 항상 타사 네트워크 마케터와의 관계를 유지해야 합니다. 이를 위해서 자신의 일정 중 일부를 타사 네트워크 마케터와의 만남에 투자해야 합니다. 단 아래의 두 가지 사항은 반드시 유념하시면서 만남을 가지셔야 합니다.

첫째, 반드시 상대방의 사업이나 제품을 존중해주셔야 합니다. 미팅 장소에 나가서 '우리 제품이 최고다', '우리 회사가 최고다'만 이야기하다가 서로 감정만 상해서 나오는 일이 많습니다. 그러면 투자한 시간이 전혀 의미 없어지는 것이지요. '우리 회사도 좋지만 상대방의 회사도 좋다', '나는 그 사람과 그 사람의 회사를 존중하겠다'라는 생각을 가지고 나간다면 당장은 아니지만 향후에 경험 많은 멋진 리더를 모시고 올 가능성이 커집니다.

둘째, 논쟁이 혹시나 발생한다면 반드시 져주세요. 논쟁에서 이기는 사람은 져주는 사람입니다. 미안한 마음이라는 빚을 지면 질수록 상대에 대해 좋은 인상을 갖게 됩니다. 결국 지속적으로 접촉하면 향후 파트너가 될 가능성이 커집니다.

자신의 시간 중 20퍼센트를 타사 네트워크 마케터와 접촉하는 시간으로 정해놓으면 짧게는 몇 개월, 길게는 몇 년 안에 좋은 인연으로 찾아오게 될 것입니다.

타사 네트워크 마케터 접촉 방법은?

가장 쉬운 방법은 인스타그램, 페이스북, 카카오스토리 등 SNS를 통해 관계를 만들어가는 것입니다. 관계를 유지하고 싶은 회사의 이름을 검색하면 검색어에 걸리는 사람들이 쭉 나열됩니다. 그럼 먼저 이들을 팔로우하거나 구독합니다. 그리고 지속적으로 '좋아요'와 답글을 달아 주면 현실에서 만난 것보다 더욱더 친밀한 관계를 유지할 수 있습니다.

여기서 중요한 핵심은 자신의 SNS 계정도 꾸준히 업데이트 해주셔야 한다는 것입니다. 사업에서 성공하고 있는 모습, 미팅 사진, 시스템에 참여하고 있는 사진 등 사업에서 즐겁게 성공하고 있는 모습을 꾸준히 업데이트함으로써 상대방에게 '이 사람과 함께 사업하면 재미있고, 성공하겠구나' 하는 인상을 남겨 주어야 향후 리쿠르팅 타이밍을 잡게 됩니다. '행복한 모습' 그리고 '꾸준한 업데이트'가 핵심입니다. 이러한 꾸준함 끝에 멋진 타사 리더가 당신과 함께하게 될 겁니다.

질문 88.
빠르게 조직을 구축하는
방법은?

네트워크 마케팅 사업은 내 능력이 부족하더라도 내 산하에 혼자서도 조직을 구축할 수 있는 셀프리더 몇 명만 있으면 크게 성장합니다. 그래서 오늘도 정말 많은 네트워크 마케터들이 이 리더를 찾고자 리쿠르팅에 여념이 없습니다.

리더와 관련해서는 업계 정설이 하나 있습니다. 자신을 중심으로 6세대 정도 사업자가 구축되면 셀프 리더가 한 명 정도 나온다는 이론입니다. 실전에 적용해보아도 거의 비슷하게 맞아 떨어지는 이론입니다. 결국 꾸준히 사업자를 만들다 보면 반드시 성공하는 사업이 네트워크 마케팅 사업인데, 상당수의 네트워크 마케터가 이런 리더감이 나오기 전에 사업을 그만둡니다. 그 이유는 바로 평범한 사람이 6세대까지 조직을 구축하는 데 통상 1년이라는 시간이 걸리기 때문입니다. 1년이라는 시간은 월 1000만 원 이상의 소득을 꿈꾸며 사업을 시작한 네트워크 마케터에게는 길고도 긴 시간이지요. 결국 80퍼센트가 3개월, 90퍼센트는 1년이라는 기간을 버티지 못하고 사업을 그만둡니다.

그럼 빠르게 조직을 구축할 방법은 없을까요? 6세대가 아니라 그 전에라도 리더감을 찾는 방법은 뭔가 없을까요? 우리 주위에 존재하는 커넥터만 빠르게 찾으면 '셀프리더'를 바로 찾을 수 있다는 솔루션을 제시하고 싶습니다.

커넥터란 사회적으로 성공했고 많은 사람들에게 영향력이 있으며 카톡에는 적어도 2000명에서 5000명 정도의 지인을 가지고 있는 사람을 의미합니다. 즉, 이 사람을 통해서라면 네트워크 마케팅 리더를 만날 확률이 높다는 의미인데 나보다 잘나고 대하기 어려운 사람인 경우가 많습니다.

보통 네트워크 마케팅 사업을 시작하면 자신보다 못한 사람, 가장 만만한 사람에게 가서 사업을 전달합니다. 이런 분들을 통해 사업을 펼쳐가다 보니 리더감을 찾는 데 1년 이상이 걸리는 것입니다. 지금 명단을 살펴보시고 나보다 잘나서, 사업을 안 할 것 같아서 명단에서 지워 버린 사람이 있다면 당장 채워 넣으시고 사업을 전달하세요! 그러면 빠른 시간 내에 리더감을 찾을 수 있을 겁니다.

후원 능력이란?

성공하는 네트워크 마케터는 후원 능력, 즉 사업 설명 능력이 뛰어납니다. 파트너들이 공을 들여 누군가를 초대했을 때 사업으로 인도할 수 있는 후원 능력은 성공하는 리더가 갖춰야 할 필수요소입니다. 사업설명회를 수십 번, 수백 번 듣고 이를 자신의 것으로 소화해서 자신만의 스타일로 사업설명을 할 줄 알아야 합니다.

많은 분들이 어려워하는 부분 중 하나가 뛰어난 재능을 가진 스폰서의 강의 스타일을 그대로 따라 하는 것입니다. 전체적인 사업설명 방식은 복제해야겠지만 자신만의 강점을 활용해서 사업설명을 하는 것도 좋은 방법입니다. 사투리를 사용한다면 그만의 매력을 살려서, 아줌마스럽다면 그만의 매력을 살려서 자신만의 사업설명 방법을 만들어내보세요.

유신TV 국장이 이야기하는 인사이트 2.

네트워크마케팅 사업을 하는 가장 큰 이유는 연금성 소득을 원하기 때문입니다. 연금성 소득 때문이 아니라면 굳이 사회적 편견을 감수하고 네트워크 마케팅 사업을 해야 할 이유가 없습니다. 그럼 네트워크마케팅 사업으로 연금성 소득을 만드는 데 필요한 필요충분조건은 무엇일까요?

네트워크 마케팅 사업이 연금성 소득이 되려면 사업자 회원 비율보다 소비자 회원 비율이 약 100배 이상, 신규 매출 비율보다 재구매 매출 비율이 최소 10배 이상 높아야 합니다. 사업자 회원 매출과 신규 회원 매출 비율이 높은 네트워크마케팅 사업은 사업자 계모임이며 제로섬 게임입니다. 쉽게 표현하면 어떤 보험회사가 있는데, 전체 보험액의 90퍼센트 이상을 보험 설계사 본인이 들고 순수 고객의 보험 매출액이 10퍼센트도 안 되면 어떻게 될까요? 답은 공멸입니다. 네트워크 마케팅 사업에서는 이러한 기형적인 현상을 오랫동안 개선할 여지가 없었습니다. 다행히 최근 들어 소비자 회원들을 만족시키는 기업들이 하나, 둘 나타나고 있어 천만다행이라 생각합니다.

네트워크 마케팅 사업이 연금성 소득이 되려면 소비자 회원 비율과 재구매 비율이 절대적으로 높아야 합니다. 이 원칙이 깨지면 그 어떤 네트워크 마케팅 사업도 다 노동수익이며 단명할 수밖에 없습니다. 회사를 선택하기 전에 이런 구조를 반드시 파악하시고 선택하시기 바랍니다.

chapter 7

기타

자, 지금까지 네트워크 마케팅 사업의 전반적인 부분에 대해서 알아보았습니다. 지금부터는 여러분들께서 지난 2년간 〈유신TV〉를 통해서 질문해주신 내용 중 공통적인 부분을 모아 답변을 드리고자 합니다. 초보 사업자에게 큰 도움이 될 겁니다.

네트워크 마케팅 사업, 전업으로 뛰어야 할까? 부업으로 뛰어야 할까?

　많은 분들이 하는 질문입니다. 사람의 성향, 처한 상황이 다 다르기 때문에 딱 답을 드리기는 어렵지만 제가 내린 결론은 '일단 부업플랜'이 맞다는 것입니다. 네트워크 마케팅 사업은 혼자 물건을 판매하는 방문판매 사업과 달리 유통조직이라는 파이프라인을 구축하는 사업입니다. 파블로도 처음부터 물 기르는 것을 그만두고 파이프라인을 만든 것이 아니라 하루 일과의 반은 물을 기르는 데 쓰고 반은 파이프라인을 구축하는데 썼습니다. 파블로도 생활비는 벌어야 했기 때문이지요!

　네트워크 마케팅 사업은 안정적인 주 수입이 있는 상태에서 안정적 파이프라인, 즉 유통망을 만들어가는 쪽이 현명하다는 것이 제 판단입니다. 조직을 구축하려면 능력에 따라 다르겠지만 일반적으로 1년 정도가 필요합니다. 처음에는 부업으로 사업을 시작하고 주 수입을 넘어서는 시점에 전업으로 뛰어드는 것이 현명한 처사입니다.

단, 남편이 생활비를 벌어주거나 월세 등을 받아 당장 생활비에 어려움이 없다면 바로 본업으로 뛰어들 것을 추천드립니다. 부업자와 주업자는 당연히 속도 면에서 차이가 있을 수밖에 없으니까 말이지요!

제품 데몬 파티 잘하는 법 알려주세요?

여성 사업자는 제품을 가지고 사업하는 경우가 많습니다. 제품 데몬
(demonstration) 파티는 아래 순서로 보통 진행합니다.

1) 사업 패키지가 도착하면 상위 스폰서가 집을 방문한다.
2) 제품을 함께 개봉하고 제품의 사용 방법을 자세히 알려준다.
3) 제품을 직접 신규 사업자에게 체험시켜준다.
4) 제품 체험이 끝나면 사업하는 방법, 비전, 시스템 등을 이야기해
   주고 시스템 참여를 독려하면 데몬 파티는 마무리된다.

데몬 파티는 단순하지만 사실 데몬 파티가 품고 있는 의도와 결과는
굉장히 큽니다.

1) 사업의 성공적 안착

보통 사업자는 처음에 사업을 결정하고 난 후 48시간 이내에 사업에 대한 의지가 마이너스(-) 수준으로 떨어지게 됩니다. 즉, 이때 사업에 대한 의지를 다시 한 번 불태워주지 않으면 사업을 그만둘 수도 있다는 말이지요. 그래서 사업 팩이 도착하면 사업을 소개한 사람과 어느 정도 직급을 가진 스폰서가 함께 동행해서 사업 의지를 불태워주고, 앞으로 사업을 해나가는 방식을 알려주는 과외 시간을 가질 필요가 있습니다.

2) 제품에 대한 확신

일단 제품에 대한 확신이 생기면 사업에 대한 확신도 생깁니다. 특히 여성분은 제품을 통해 사업을 전달하는 패턴을 가지고 있기 때문에 제품을 직접 체험하게 해주고 주요 성분 및 사용 방법을 자세히 알려줄 필요가 있습니다. 다행인 점은 네트워크 마케팅 회사의 제품은 시중 제품에 비해 비포애프터(Before vs. After)가 확실하기 때문에 제품을 직접 체험하면 사업에 성공적으로 안착할 가능성이 커진다는 것입니다.

3) 초기 소비자 또는 사업자 구축

보통 데몬 파티 때는 한두 명의 지인과 함께 할 것을 권합니다. 지인들과 같이 제품을 체험하다가 이 중 제품에 대한 확신을 가진 사람이 소비자가 되고, 사업자가 되는 경우가 허다하기 때문입니다. 데몬 파티에서 소비자 또는 사업자가 생기면 신규 사업자는 더욱 힘을 받아 이 사업을 진행하게 되는 것이지요.

사업자가 생기면 반드시 진행해야 할 과정이 바로 데몬 파티입니다. 특히 사업자 패키지를 구매한 사업 파트너에게 데몬 파티는 필수이니 집중해주시기 바랍니다.

신용불량자인데 네트워크 마케팅 사업이 가능한가요?

네트워크 마케팅 사업은 공무원을 제외하고는 누구에게나 열려 있는 사업입니다. 신용불량자라면 재기를 노리시기에 가장 적합한 사업이기도 합니다.

사실 네트워크 마케팅 사업을 시작하신 분 중 사연이 없는 분이 없습니다. 경제적으로 윤택한 생활을 하다가 사업 실패, 이혼, 투자 실패 등의 이유로 경제적 어려움이 생기신 분들이 인생 역전의 도구로 네트워크 마케팅 사업을 선택하시는 경우가 많기 때문입니다.

네트워크 마케팅 사업은 평범한 사람이 타인의 힘을 빌려 매달 수백, 수천, 수억 원의 돈을 벌 수 있는 몇 안 되는 사업입니다. 사업의 본질을 이해하고 유통조직을 갖추는 데 집중하신다면 빠른 시간 내에 평생 안정적인 삶을 누릴 발판을 마련하리라 확신합니다.

네트워크 마케팅 사업을
하면 인간관계가
끊어질까 봐 두렵습니다.

'네트워크 마케팅 사업 = 불법 다단계, 피라미드'라는 인식을 가진 사람들이 아직도 많은 것이 사실입니다. 영화, 드라마에서 이런 풍토를 조장한 측면도 있지만 실제 다단계 보상방식을 악용해 피해를 입힌 사건이 적지 않기 때문에 벌어진 일이기도 합니다.

다만 희망적인 것은 예전보다 인식이 훨씬 나아졌다는 점입니다. 현재 대한민국에는 900만 명이 네트워크 마케팅 회사의 제품을 소비하거나 사업하고 있습니다. 암웨이, 애터미 모르는 사람이 없고 보통 집에 이들 회사의 제품 한두 개는 가지고 있습니다.

불과 10년 전만 해도 보험 종사자도 보험아줌마, 보험판매원, 보험꾼이라고 멸시받았습니다. 지금은 FC, 재무 컨설턴트라고 불리며 예전과는 다른 대우를 받고 있습니다. 네트워크 마케터들에게도 곧 이런 시간이 올 겁니다. 어차피 미래에는 나이 들어서 할 사업이 네트워크 마케팅밖에 없기 때문입니다. 미리 선점하고 미리 시작해서 더 많은 돈을 버는 것이 현실적인 대안이라고 보여집니다.

네트워크 마케팅이
사이비 종교 같은
분위기여서 무섭습니다.

　과거 네트워크 마케팅 회사에서 사이비 종교 조직 같은 분위기를 과하게 풍기던 시절이 있었습니다. 몇몇 불법 다단계는 사람을 감금해놓고 폭행과 세뇌를 통해 전 재산을 탕진시켜 사이비 종교 신봉자처럼 만들어 버린 일도 왕왕 있었습니다.

　사실만 보자면 네트워크 마케팅 사업은 '유통사업'입니다. 마케팅의 한 영역으로 다단계 보상을 받는 유통사업일 뿐입니다. 종교와는 거리가 멀죠. 다만 내 사업이다 보니 직장 생활을 할 때보다 훨씬 많은 열정을 바쳐서 일하는 것뿐이고, 성공한 사업자를 존중하는 분위기가 강하다 보니 종종 사이비 종교 같다는 느낌을 받는 분들이 있을 뿐입니다. SNS가 창궐하는 요즘에는 사이비 종교 같은 분위기가 나는 네트워크 마케팅 회사로 사람들이 찾아가지 않습니다. 걱정하지 않으셔도 됩니다.

왜 대기업들은
네트워크 마케팅 사업을
하지 않나요?

많은 대기업이 네트워크 마케팅 사업을 진행했었습니다. 웅진, 진로, BBQ 등 방판을 기반으로 하는 대기업이 앞다투어 진출했었지요. 다만 우리가 잘 알지 못하는 이유는 이들 중 성공 사례가 한 건도 없기 때문입니다.

기본적으로 네트워크 마케팅 사업과 대기업은 궁합이 맞지 않습니다. 아직까지 네트워크 마케팅 사업에 대한 인식이 좋지 못한 것이 첫 번째 원인이고 대기업이 진출할 만큼 시장 사이즈가 크지 않은 것이 두 번째 원인입니다.

대기업은 적어도 몇 조 이상 규모의 사업을 공략하는데, 네트워크 마케팅 사업은 대한민국에서 6조 원 시장이라고 해도 탑10 안에 있는 기존 강자의 매출이 전체 80퍼센트 수준이기 때문에 새롭게 창출할 수 있는 시장 규모에 한계가 있습니다. 대기업의 실패 사례는 네트워크 마케팅의 본고장인 미국에서도 똑같이 나타나는 현상입니다. 이를 '대기업 진출의 저주'라고도 부릅니다.

왜 방문 판매 회사가
네트워크 마케팅 사업을
같이하지 않나요?

이 또한 질문 95번과 같은 맥락입니다. 많은 방문 판매 회사가 네트워크 마케팅 사업에 뛰어들었지만 성공한 사례가 없을 뿐입니다. 여러 가지 원인이 있겠지만 가장 중요한 원인은 바로 방문 판매 사업과 네트워크 마케팅 사업의 극명한 차이인 '사업자'에 있다고 하겠습니다.

방문 판매 사업은 직원 개념의 사업자 방식을 채택하고 있습니다. 회사가 직원 개념의 방문 판매 사업자를 이끌고 가는 사업, 즉 상하관계가 있는 사업입니다. 그래서 회사에서는 지국장, 총국장, 상무, 본사 등의 직급체계를 두고 사업자를 컨트롤합니다. 반면 네트워크 마케팅 사업은 독립사업자 방식을 쓰고 있기 때문에 회사와 사업자가 철저히 분리돼 사업을 진행합니다. 회사가 사업자를 끌고 나가려 하면 사업자는 반발하게 되고 사업에서 이탈하기 때문에 독립성을 철저히 보장하는 것이 상례입니다.

많은 방문 판매 회사가 네트워크 마케팅 사업을 시작하면서 회사가 끌고 가는 기존 사업형태를 고수하다가 네트워크 마케팅 사업자들이 쉽게 떠나는 사태가 벌어졌고 이런 일이 반복되면서 방문 판매 회사에서 만든 네트워크 마케팅 회사 중에 살아남은 회사가 없어진 것입니다.

사업자등록증을 내야 하나요? 그리고 세금은 어떻게 내나요?

네트워크 마케팅 사업자는 멤버십제도에 속해 있는 프리랜서 사업자로서 별도의 사업자 등록증이 필요 없습니다. 회사에서는 3.3퍼센트 원천 징수 후 수당을 지급하며, 매년 5월에 종합소득신고 시 자신의 소득과 합산해 신고하면 됩니다. 공무원과 실업급여를 받는 사람은 수당을 받지 않는 '소비자' 회원으로만 등록이 가능하니 참고하시기 바랍니다.

질문 98.
사업을 하다가 그만두면
불이익이 있나요?

네트워크 마케팅 사업의 시작과 끝은 모두 사업자의 몫입니다. 불이익이라는 것은 있을 수 없죠. 보통 사업을 시작하시는 분 중 상당수가 회사에서 정해놓은 '사업자 패키지'를 구매하는데, 사업자 패키지는 구매 후 3개월까지는 반품이 가능하기 때문에 사업 시작 후 자신과 맞지 않는다면 사업 철회를 해도 전혀 문제가 없습니다.

사업자들이 회사를 많이 옮기던데 이유가 있나요?

실제로 상당 수 네트워크 마케터들이 평균 세 번 이상 네트워크 마케팅 회사 이적 경험이 있습니다. 보통 옮기는 이유는 4가지입니다.

첫째 돈이 안 되기 때문입니다. 열심히 사업을 했는데 보상 때문에, 제품 때문에 노력 대비 수익이 나지 않는 경우 사업을 그만두고 다른 회사로 이직합니다.

둘째 선점 회사를 찾아 다니기 때문입니다. 특히 초보 사업자는 새로운 회사가 나타나면 불나방처럼 달려드는 경우가 많습니다. 초기 회사는 선점 기회는 있을 수 있지만 회사의 존폐가 위태로운 경우가 많아 도박과 같은 일이 됩니다. 결국 그 도박에서 지면 다른 회사로 옮기는 것이지요.

셋째, 회사가 망하는 경우입니다. 실제로 매년 새롭게 생기는 회사가 평균 15개이고 그중 2년 내 폐업률이 50퍼센트가 넘습니다.

　넷째 사람 사이의 문제로 사업을 그만둡니다. 스폰서, 파트너와의 인간관계에서 문제가 생겨 그만두는 경우가 생각보다 많습니다. 사람과 사람 사이에서 발생하는 비즈니스이다 보니 생기는 문제입니다.

질문 100.
사업에서 실패하지 않는 방법을 알려주세요?

이 책을 쓰는 시점에, 저 또한 첫 회사에서 실패를 겪었습니다. 물론 다이아몬드 직급자로서 안정적인 고소득과 조직을 갖추고 있었지만 회사가 휘청이면서 사업자들이 떠나가는 상황이 벌어졌고 어쩔 수 없이 회사를 이적할 수밖에 없는 처지가 되었습니다.

네트워크 마케팅 사업은 개인의 능력치가 아무리 뛰어나도 회사, 시스템, 스폰서가 제대로 갖추어지지 않은 환경에서 사업을 한다면 실패 확률이 90퍼센트가 넘는 희한한 사업입니다. 그렇기 때문에 신중하게 자신에게 맞는 사업을 선택하고, 성장 시스템이 갖추어진 사업 그룹을 선택하고, 나를 성장시켜줄 확실한 스폰서를 직접 찾아가서 사업을 해야 합니다. 이 원칙만 지킨다면 사업 실패의 확률은 10퍼센트 이하로 떨어집니다.

저자님은 실제로 돈을 많이 버나요?

제가 네트워크 마케팅 사업을 하는 이유는 큰 돈을 벌기 위함입니다. 나를 위해 일해주는 많은 사람을 만들 수 있는 사업이고, 그래서 제가 목표로 하는 월 1억 원 소득을 꾸준히 벌어들이는 사업이기 때문에 네트워크 마케팅을 진행 중입니다.

저도 현재 두 번째 네트워크 마케팅 사업을 시작했습니다. 질문 100과 같이 처음 사업을 선택할 때는 기준 없이 감에 의존해서 했다가 다이아몬드 직급자가 되었음에도 불구하고 회사를 나올 수밖에 없었습니다. 질문 100의 기준을 바탕으로 다시 제대로 된 회사, 제대로 된 시스템, 나를 진정 도와줄 수 있는 스폰서를 직접 찾아왔고, 그 결과 불과 3개월 만에 월 3300만 원의 소득을 받는 다이아몬드 직급자가 되었습니다. 그리고 자신 있게 여러분들께 네트워크 마케팅 사업을 꼭 하시라고 권해드리고 있습니다.

길을 가다 보이는 폐지를 줍는 할머니, 할아버지의 모습이 남의 일 같지 않습니다. 평생 할 수 있는 일, 다른 사람의 힘을 빌려 큰 돈을 벌 수 있는 부자가 될 수 있는 사업, 네트워크 마케팅 사업을 제대로 시작해보세요. 반드시 성공하실 겁니다.

참고도서

로버트 기요사키 '부자아빠 가난한아빠', 민음인, 2001

버크 헤지스 '파이프라인 우화', 나라, 2003

한승휘 '리쿠르팅 혁명', 2017

김유신 '네트워크 마케팅 성공 바이블', 미래지식, 2019

정찬오 '정찬오의 비전스쿨', 지쿱 비전스쿨 강연자료 중

김세우, 안병현 '네트워크마케팅 보상플랜 알아보기'

김유신 외 '초단기 다이아몬드 되는 10가지 비법', 에스북, 2020

(단위: 원)

회사명	2018년	2017년	증감	비고

□ 영업 업체(2019. 5. 31. 기준)

	회사명	2018년	2017년	증감	비고
1	한국암웨이(주)	1,279,916,401,357	1,279,043,965,861	872,435,496	
2	애터미(주)	970,760,694,751	901,619,007,810	69,141,686,941	
3	뉴스킨코리아(주)	456,211,015,587	451,862,368,845	4,348,646,742	
4	유니시티코리아(유)	222,359,240,622	261,056,382,268	(38,697,141,646)	
5	한국허벌라이프(주)	185,501,733,337	192,524,363,848	(7,022,630,511)	
6	시크릿다이렉트코리아(주)	159,399,863,760	154,153,845,230	5,246,018,530	
7	유사나헬스사이언스코리아(유)	90,567,216,505	69,182,124,421	21,385,092,084	
8	시너지월드와이드코리아(주)	88,387,947,940	65,651,476,285	22,736,471,655	
9	지쿱(주)	84,307,336,478	48,267,707,578	36,039,628,900	
10	(주)아프로존	81,375,281,807	59,890,743,866	21,484,537,941	
11	(유)매나테크코리아	80,151,301,291	82,266,855,581	(2,115,554,290)	
12	(주)앤알커뮤니케이션	69,593,566,561	55,696,789,475	13,896,777,086	
13	(주)카리스	63,679,973,400	72,240,964,300	(8,560,990,900)	

14	에이씨앤코리아(유)	59,438,998,837	71,282,777,898	(11,843,779,061)	
15	(주)씨엔커뮤니케이션	56,261,037,489	31,331,061,563	24,929,975,926	
16	해피런(주)	54,982,953,751	53,534,204,362	1,448,749,389	
17	(주)하이리빙	51,983,449,521	51,125,346,083	858,103,438	
18	(유)포라이프리서치코리아	49,692,892,104	47,010,859,632	2,682,032,472	
19	(주) 엔잭타	48,384,586,213	24,126,603,513	24,257,982,700	
20	멜라루카인터내셔날코리아(주)	46,744,765,989	50,592,825,011	(3,848,059,022)	
21	(주)굿모닝월드	46,408,479,100	69,345,971,900	(22,937,492,800)	
22	토탈스위스코리아(주)	44,784,037,100	23,434,450,500	21,349,586,600	
23	(주)투에버	43,366,060,912	27,286,948,647	16,079,112,265	
24	(주)에이필드	42,094,100,270	33,969,576,660	8,124,523,610	
25	앨트웰(주)	39,100,890,859	38,399,451,379	701,439,480	
26	(주)파이진글로벌	39,045,764,997	17,170,093,300	21,875,671,697	
27	(주)아미코젠퍼시픽	38,849,792,531	10,487,926,996	28,361,865,535	
28	카야니코리아(주)	30,990,035,424	22,069,503,988	8,920,531,436	

29	엔티에이치 인터내셔널(주)	29,696,880,699	31,579,303,989	(1,882,423,290)	
30	(주)봄코리아	27,746,287,572	83,604,791,612	(55,858,504,040)	
31	(주)쏠렉	25,655,206,190	18,961,164,308	6,694,041,882	
32	(주)프리즘 인터내셔널	25,022,942,700	30,626,659,550	(5,603,716,850)	
33	(주) 젬마코리아	24,316,687,892	36,272,048,218	(11,955,360,326)	
34	도테라코리아 유한회사	24,234,295,958	17,579,402,256	6,654,893,702	
35	(주)미애부	23,598,174,929	48,932,522,620	(25,334,347,691)	
36	(주)좋은효소	21,597,402,830	17,544,537,000	4,052,865,830	
37	(주)리뉴메디	21,222,960,309	448,120,206	20,774,840,103	
38	(주)프리마인	21,213,317,318	5,915,953,702	15,297,363,616	
39	메리케이코리아 유한회사	21,093,228,343	29,131,636,312	(8,038,407,969)	
40	루안코리아(주)	20,792,013,626	37,540,239,066	(16,748,225,440)	
41	더휴앤컴퍼니 (주)	18,800,830,338	27,303,187,656	(8,502,357,318)	
42	(주)에이풀	17,011,138,458	45,781,224,616	(28,770,086,158)	
43	주네스글로벌 코리아(유)	16,773,345,271	15,295,695,960	1,477,649,311	
44	(주)이롬플러스	16,092,441,513	–	16,092,441,513	2018년도 신규

45	(주)예주씨앤씨	15,731,157,205	–	15,731,157,205	2018년도 신규
46	(주)탄탄코리아	15,324,989,500	15,048,961,915	276,027,585	
47	(주)리브퓨어 코리아	14,920,745,315	16,685,469,994	(1,764,724,679)	
48	(주)교원더오름	14,611,114,021	5,373,826,099	9,237,287,922	
49	(주) 미젤	13,989,957,878	12,297,278,469	1,692,679,409	
50	(주)아이원	12,825,893,229	15,486,405,135	(2,660,511,906)	
51	(주) 지에스엘	12,704,753,359	12,442,023,987	262,729,372	㈜지에스엘제 약→(주)지에스 엘(2018.11.13.)
52	피엠인터내셔널 코리아 유한회사	12,006,080,066	–	12,006,080,066	2018년도 신규
53	(주)애드올	10,939,668,204	377,575,000	10,562,093,204	
54	(주)티알 이노베이션	10,740,622,588	4,691,059,200	6,049,563,388	(주)더리코→(주) 티알이노베이 션(2018.11.26.)
55	에이스제이엠 (주)	9,648,480,000	2,860,245,840	6,788,234,160	
56	(주)셀링크 코리아	9,213,110,378	9,293,020,430	(79,910,052)	
57	(주)네추럴헬스 코리아	8,199,337,807	10,022,350,800	(1,823,012,993)	
58	니오라 코리아(유)	7,979,301,813	10,888,927,362	(2,909,625,549)	네리움인터내 셔널코리아(유) →니오라코리 아(2019.04.12)

59	(주)제이온	7,954,409,300	7,873,795,870	80,613,430	(주)다온스토리 →(주)제이온 (2019.04.30.)
60	(주)헤베니케	7,698,376,246	7,414,048,307	284,327,939	
61	(주)제이알씨 코리아	7,676,345,932	11,631,582,101	(3,955,236,169)	
62	(주)채이은	7,651,002,667	6,868,226,775	782,775,892	
63	고려한백 (주)	7,511,015,400	6,885,627,220	625,388,180	
64	라라코리아 인터내셔날(주)	6,907,891,100	–	6,907,891,100	2018년도 신규
65	네츄러리플러스 코리아(주)	6,389,009,050	2,503,314,120	3,885,694,930	
66	(주)그린피아 코스메틱	5,311,622,822	5,610,178,770	(298,555,948)	
67	한국모린다(유)	5,080,903,410	2,266,682,886	2,814,220,524	
68	(주)신나라	4,840,642,200	6,252,270,400	(1,411,628,200)	
69	애릭스코리아 (주)	4,723,453,583	5,820,427,424	(1,096,973,841)	
70	아실리코리아 유한회사	4,583,243,596	–	4,583,243,596	2018년도 신규
71	(주)에띠모	4,134,734,270	–	4,134,734,270	2018년도 신규
72	지자인터내셔널 코리아(주)	4,068,257,047	6,170,035,677	(2,101,778,630)	
73	와인코리아(주)	3,934,214,594	5,702,393,130	(1,768,178,536)	

74	아이사제닉스 아시아퍼시픽 코리아(유)	3,819,383,468	–	3,819,383,468	2018년도 신규
75	아이더블유 코리아(유)	3,780,514,090	–	3,780,514,090	2018년도 신규
76	썬라이더다이렉 트코리아(유)	3,690,705,640	–	3,690,705,640	2018년도 신규
77	뉴키(주)	3,676,366,409	3,321,380,087	354,986,322	
78	(주) 프리먼스	3,656,865,000	934,232,711	2,722,632,289	
79	엘라이프(주)	3,140,327,521	7,511,552,402	(4,371,224,881)	
80	(주)대자연 코리아	3,117,594,410	618,000,000	2,499,594,410	
81	(주) 웅진릴리에뜨	2,955,571,150	4,444,612,000	(1,489,040,850)	
82	(주) 루카스앤에스	2,955,479,971	4,424,967,182	(1,469,487,211)	
83	(주)아이시냅스	2,860,910,940	1,213,872,900	1,647,038,040	우나벨라(주) → 주식회사 아이시냅스 (2018.03.14.)
84	(주)코디라이프	2,841,867,800	5,472,999,100	(2,631,131,300)	
85	(주) 인첸트라이프	2,840,523,000	–	2,840,523,000	2018년도 신규
86	(주)메디소스	2,560,815,700	2,705,416,990	(144,601,290)	
87	(주)루루이노스	2,381,378,260	540,259,520	1,841,118,740	
88	(주)카나이 코리아	2,279,623,316	7,090,535,772	(4,810,912,456)	

89	(주)유니코즈	2,242,901,500	–	2,242,901,500	㈜고운나래→㈜유니코즈(18,10,02), 2017년 매출액없음
90	퀘니히코리아(주)	2,097,827,790	1,034,224,587	1,063,603,203	
91	한국롱리치국제(주)	2,036,919,400	4,157,059,250	(2,120,139,850)	
92	(주)원더세븐글로벌	2,005,125,700	–	2,005,125,700	2018년도 신규
93	(주) 퍼플유	1,958,338,973	1,303,513,250	654,825,723	
94	(주)코타파	1,928,720,040	2,701,933,058	(773,213,018)	
95	(주)이앱스	1,667,966,500	495,134,400	1,172,832,100	(주)더블위즈→(주)이앱스
96	(주) 빅스카이글로벌	1,552,200,320	1,610,854,638	(58,654,318)	
97	파시글로벌코리아 (주)	1,540,657,980	–	1,540,657,980	2018년도 신규
98	(주)스템텍코리아	1,496,760,700	2,432,415,833	(935,655,133)	
99	제이엠글로벌코리아(주)	1,488,419,200	2,965,596,800	(1,477,177,600)	
100	포에버코리아(유)	1,441,440,770	1,401,575,668	39,865,102	

• 해당자료는 2018년 정보공개대상 130개 사업자를 기준으로 작성한 자료이므로 보도참고자료에 인용된 2017년 정보공개대상 125개 사업자에 대한 합계, 평균치 등과 차이가 있습니다.